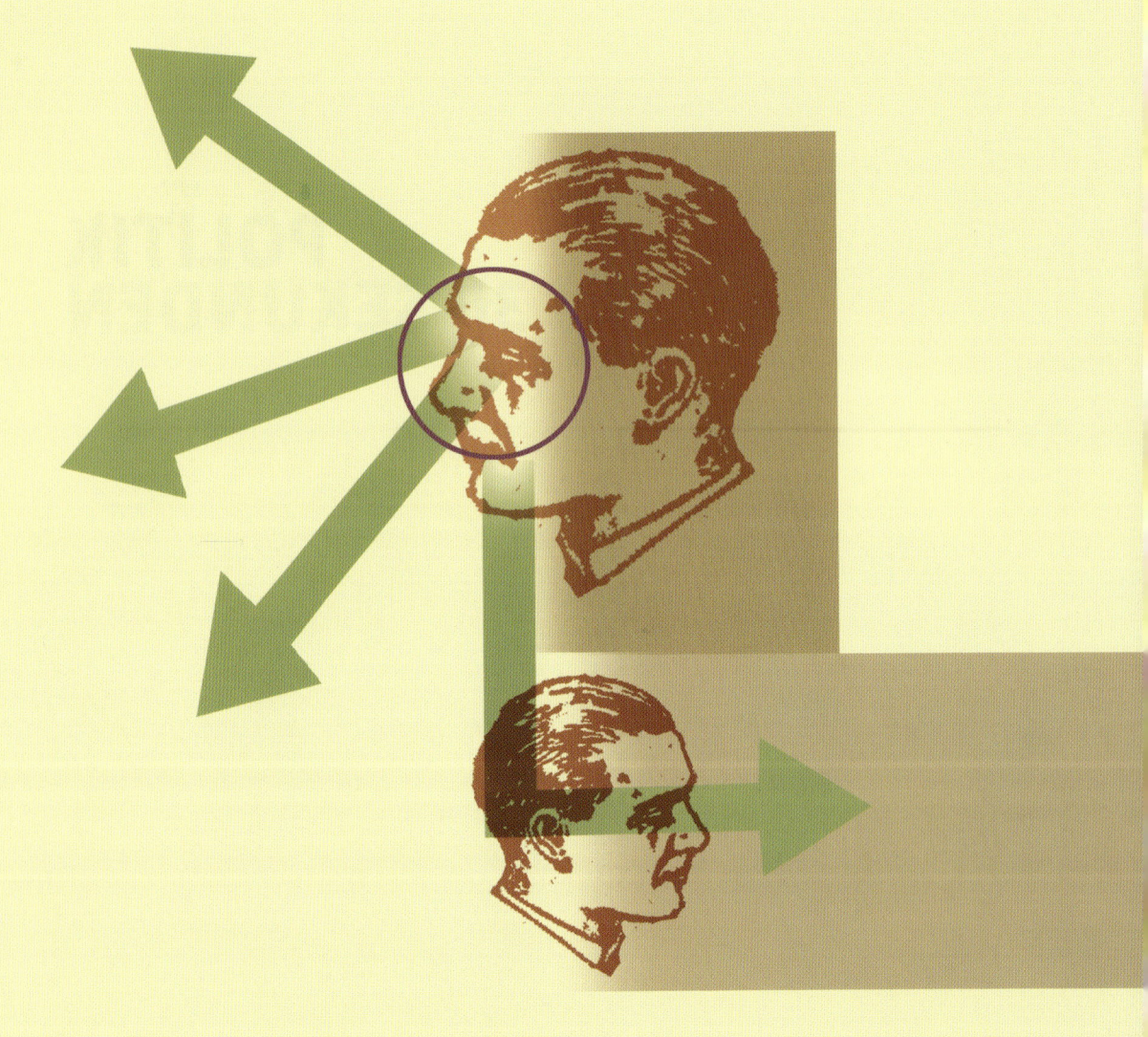

POLITIK
IN 30 SEKUNDEN

50 politische Ideen,
die das Zusammenleben
der Menschen bestimmen

Herausgeber
Steven L. Taylor

Mit Beiträgen von
Michael Bailey
Elizabeth D. Blum
G. Doug Davis
Christopher N. Lawrence
Feng Sun
Steven L. Taylor
Gregory Weeks

Librero

Titel der Originalausgabe »30-Second Politics«

© 2018 Librero IBP (für die deutsche Ausgabe)
Postbus 72, 5330 AB Kerkdriel, Niederlande

© 2011 Ivy Press Limited

Künstlerische Leitung **Peter Bridgewater**
Herausgeber **Jason Hook**
Leitender Redakteur **Caroline Earle**
Art Director **Michael Whitehead**
Gestaltung **Ginny Zeal**
Concept Design **Linda Becker**
Illustrationen **Ivan Hissey**
Steckbriefe und Glossare **Steve Luck**
Redakteur **Stephanie Evans**
Redaktionsassistenz **Jamie Pumfrey**

Aus dem Englischen von **Andreas Jaedicke**
Lektorat & Satz **G & R Vilnius**, Litauen

Gedruckt und gebunden in China

ISBN 978-94-6359-051-8

INHALT

EINLEITUNG
Steven L. Taylor

Zur Freude aller Politologen bezeichnete Aristoteles
die Politikwissenschaft einst als »Meisterwissenschaft«. Natürlich tat er
das nicht, damit sich ein paar Akademiker besser fühlen würden, sondern
wollte damit zum Ausdruck bringen, dass das Studium der Wechselwir-
kungen zwischen Menschen in der Politik praktisch alles umfasst. Vielleicht
eine hochtrabende Formulierung, doch andererseits möge man sich vor
Augen führen, was alles unter den Oberbegriff Politik fällt: Krieg und
Frieden, Strafjustiz, Besteuerung, Sicherheitsvorschriften, Bürgerrechte
und Freiheiten, Handel, Abtreibung, Ehe sowie Richtlinien für die Wissenschaft (um nur einige zu nennen). Diese Themen sind so bedeutend, dass
die jeweiligen Regelungen und Strukturen direkte Auswirkungen auf unser
Leben haben. Der Alltag in Nordkorea unterscheidet sich stark von dem in
Südkorea, sowohl materiell als auch in den Bereichen Recht und Privilegien.
Kurz gesagt: Politik ist wichtig, und dieses Buch soll dabei helfen, die Kom-
plexität der Politik und deren Sprache zu verstehen.

Aristoteles ist ein guter Ausgangspunkt für diese Diskussion, da er eine
einfache, aber nützliche Typologie für die Klassifizierung der Herrschaftsformen erstellt hat, die sich allein mit der Frage beschäftigt, wer regiert:
einer, wenige oder viele. Dieser Ansatz liegt den Kapiteln am Anfang dieses
Buches zugrunde. **Wer regiert?**, das erste Kapitel, erklärt detailliert, wie
Alleinherrschaft, Herrschaft von wenigen oder Herrschaft von vielen aus-
sehen könnten. **Herrschaft von wenigen** beschäftigt sich eingehender
mit Herrschaftsformen, in denen einer oder wenige regieren, also solche,
die wir im heutigen Sprachgebrauch als autoritäre Regime bezeichnen
würden. Als drittes Kapitel folgt **Herrschaft von vielen**, in dem Formen
der Demokratie behandelt werden, während das vierte, **Elemente der
Demokratie**, die wichtigsten Institutionen und Faktoren vor allem demo-
kratischer Regierungssysteme beleuchtet, und zwar aus dem Blickwinkel
des französischen Philosophen Montesquieu, der großen Einfluss auf die
Autoren der Verfassung der Vereinigten Staaten hatte. Da die Demokratie

Verhältniswahlsystem
Wie lassen sich verschiedene Interessen innerhalb einer Gesellschaft in akzeptable öffentliche Grundsätze übertragen? In einer Demokratie wird genau dies versucht, wenn auch nicht ganz perfekt.

zur Zeit weltweit dominiert (auch wenn nicht immer in reiner Form), wird ihr mehr Platz eingeräumt als allen anderen Herrschaftsformen. Als Nächstes betrachten wir die verschiedenen **kommunistischen Theorien**. Auch wenn die Herrschaftsform Kommunismus außer in ein paar Schlupfwinkeln tot ist, hat die Terminologie überlebt, und auch die Konzepte bleiben für den politischen Diskurs relevant (ganz zu schweigen davon, dass unsere Weltordnung noch bis vor wenigen Jahrzehnten zu einem guten Teil durch diese Ideen geprägt wurde).

Über die grundlegenden Herrschaftsformen und theoretischen Denkschulen hinaus wurden auch andere Elemente berücksichtigt. Eines ist die offensichtliche Verbindung zwischen Politik und Wirtschaft, weshalb sich das vorletzte Kapitel **Politische Ökonomie** mit einigen in gegenseitiger Beziehung stehenden Fragen beschäftigt. Einen weiteren Schwerpunkt beim Studium der Politik bildet die Frage, warum Staaten Kriege führen oder Frieden schließen. Deshalb befasst sich das letzte Kapitel mit einigen wichtigen Begriffen und Konzepten aus dem Bereich **internationale Beziehungen**.

Das Buch spricht zwar viele Themen an, kann von jedem aber nur einen Vorgeschmack liefern. Hoffentlich inspirieren diese Kostproben zu weiterführender Reflexion, Lektüre und Recherche.

Globalisierung
*Eine entscheidende politische
Herausforderung der aktuellen
Epoche ist, dass alle mehr und
mehr miteinander verbunden
werden.*

DIE GRUNDLAGEN: WER REGIERT?

Absolute Macht Absolute Verfügungs-gewalt über jeden Aspekt eines Staates oder einer Nation und dessen Bewohner. Meist wird der Begriff mit Bezug auf die Macht eines absoluten Monarchen verwendet. Absolute Monarchen beriefen sich zum Teil darauf, dass das Recht des Königs zu herrschen direkt von Gott stamme.

Arabischer Sozialismus Politische Ideo-logie, die Elemente des Sozialismus mit einer panarabischen Agenda verbindet, die die ver-schiedenen Länder der arabischen Welt ver-einigen will. Auch wenn der arabische Sozialismus viele soziale und ökonomische Grundsätze des europäischen Sozialismus auf-greift, unterscheidet er sich von ihm dadurch, dass er eine starke kulturelle und spirituelle ara-bische Identität hervorhebt.

Aufgeklärter Absolutismus Absolute Macht eines Monarchen, der unter Berück-sichtigung der Philosophie der Aufklärung herrschte. Solche Herrscher führten Reformen ein, die die Meinungsfreiheit, die religiöse Toleranz und das Recht auf Eigentum begüns-tigten. Die Förderung der Künste und die Gründung von Bildungseinrichtungen waren ebenfalls bezeichnend für den aufgeklärten Absolutismus.

Bourgeoisie Meist mit dem Marxismus verbundener Begriff für die Besitzer von Produktionsmitteln; gemeint sind die kapitalistischen Ober- und Mittelschichten.

Erbmonarchie Form der Monarchie, in der der Königstitel mit dem Tod des Königs beziehungs-weise der Königin an das älteste Kind oder nächsten Blutsverwandten weitergegeben wird. Fast alle Monarchien waren und sind auch heute noch Erbmonarchien. Früher herrschte männliche Primogenitur vor, d. h. Jungen erbten stets vor Mädchen oder letztere waren ganz vom Erbe ausgeschlossen.

Konstitutionelle Monarchie Herrschaftsform, in der dem Monarchen, obwohl Staatsober-haupt, nur zeremonielle und offizielle Aufgaben obliegen. Heutzutage existieren die meisten Monarchien im Rahmen eines konstitutionellen parlamentarischen Systems, in dem Gesetze durch ein demokratisch gewähltes Parlament verabschiedet werden.

Marxismus-Leninismus Variation der klassi-schen marxistischen Ideologie, die von Wladimir Lenin entwickelt wurde. Er erkannte, dass der imperialistische Handel dem Proletariat über die Bourgeoisie zu ausreichendem Wohl-stand verhalf und dadurch eine Revolution ver-hinderte. Deshalb müsse das Proletariat von intellektuellen und engagierten Revolutionären zur Revolution geführt werden. Des Weiteren erkannte Lenin die Dritte Welt als Arena für revolutionäre Maßnahmen gegen den Imperialismus. 1919 wurde der Marxismus-Leninismus von der Kommunistischen Internationalen als zentrale Ideologie übernommen.

Meritokratie Ideologisches Herrschaftssystem, in dem Einzelpersonen allein aufgrund ihrer Fähigkeiten an Positionen mit Verantwortung und Macht gelangen. Die Idee eines meritokratischen Systems ist es, Vetternwirtschaft zu verhindern, doch Kritiker wenden dagegen ein, dass die Quantifizierung von »Leistung« schwierig sei.

Mischwirtschaft Begriff für eine Wirtschaftsform mit sowohl deregulierten als auch regulierten Elementen. Auch wenn die meisten Industrieländer in Hinblick auf den freien Verkehr von Waren auf freie Märkte und freie Arbeit setzen, gibt es in irgendeiner Form auch staatliche Interventionen, etwa durch Subventionen für Bahn- und Fluggesellschaften oder durch Wohlfahrtsleistungen.

Proletariat In der marxistischen Theorie verwendeter Begriff für die Arbeiterklasse. Das Proletariat besitzt keine Produktionsmittel und muss deshalb seine Arbeitskraft verkaufen, um zu überleben.

Stadtstaat Eigenständige Stadt mit Hoheitsgewalt über das umliegende Gebiet. Die berühmtesten Stadtstaaten waren die des alten Griechenlands wie Sparta, Athen und Theben. Obwohl die meisten Stadtstaaten zunächst als Monarchien existierten, entwickelten sie im Laufe der Zeit alternative politische Systeme wie Aristokratien, Oligarchien und Demokratien.

Tyrann Herrscher mit absoluter Macht. Heutzutage wird der Begriff in der gleichen Bedeutung wie Despot verwendet, also für einen autoritären Herrscher, der mit Unterdrückung und Brutalität regiert. Der Begriff stammt aus dem Altgriechischen und stand für jemanden, der die Macht an sich reißt, ohne sie zu erben oder konstitutionell verliehen zu bekommen – nach der Machtergreifung kam es auch vor, dass ein Tyrann gerecht regierte.

MONARCHIE

30 Sekunden Politik

Im Lauf der Geschichte gab es

schon immer Erbmonarchien. Historisch beriefen sie sich auf einen direkt von Gott oder einer göttlichen Quelle herrührenden Herrschaftsanspruch, selbst in Gesellschaften, die nicht als Theokratien organisiert waren. Einige Monarchen waren so gefürchtet (oder beliebt), dass sie mit absoluter Macht über ihre Untertanen herrschen konnten, während andere nur repräsentierten und die wahre Macht in Händen von Herzögen, Grafen und Fürsten lag. Während der napoleonischen Kriege setzte Kaiser Napoleon gar eine Reihe von »Königen« ein, die einige der von ihm gegründeten Marionettenstaaten regierten. In der heutigen Zeit haben sich Monarchien in verschiedene Richtungen entwickelt – in Europa wurden sie zu konstitutionellen Monarchien, in denen der Souverän nur wenige Befugnisse beibehielt. Die königliche Macht wurde durch Gesetze und Traditionen begrenzt, während die eigentliche Macht bei einem von einem gewählten Parlament bestimmten Premierminister liegt. Andere Staaten wie Saudi-Arabien oder die Mitgliedsstaaten der Vereinigten Arabischen Emirate haben immer noch Monarchen, die ihre Länder direkt regieren.

»Der König herrscht, aber regiert nicht.«

JAN ZAMOYSKI

DESPOTIE

30 Sekunden Politik

3-SEKUNDEN-PAROLE
Politisches System, in dem
ein oft unterdrückerischer
Herrscher die absolute
Macht besitzt.

3-MINUTEN-MANIFEST
Heutzutage bezeichnet
man Tyrannen als Dik-
tatoren oder Despoten.
In der Regel machen sie
ihre Herrschaft auf einer
gesetzlichen oder mora-
lischen Grundlage geltend,
meist basierend auf einer
totalitären oder autoritären Ideologie, übernommen
oder selbst entwickelt,
etwa dem Marxismus-Leni-
nismus, dem arabischen
Sozialismus oder dem
Faschismus. Dennoch ist
nicht jeder totalitäre oder
autoritäre Staat auch im
selben Maß despotisch.
Einige, wie zum Beispiel
China in der Zeit nach Mao
oder die Sowjetunion nach
Stalin, hatten mehrere Führer, die ihre überlappenden
Machtbefugnisse kollektiv
als Oligarchie ausübten.

Despotie (oder Tyrannei) tritt
dann auf, wenn eine Nation oder ein Land von
einem Herrscher regiert wird, der nicht auf
öffentliche Unterstützung achtet oder sogar
das Volkswohl außen vor lässt. Im antiken
Griechenland hatte das Wort *turannos* noch
keine negative Konnotation, aber so wie später
im Falle des deutschen Begriffs *Führer* brauchte
es nur einen brutalen Gewalthaber, um ein
eigentlich neutrales Wort negativ zu besetzen.
Zuerst bedeutete *turannos* nur, dass ein Herrscher unrechtmäßig die Macht ergriffen hatte.
Erst später schloss der Begriff die heute geläu-
fige Assoziation einer diktatorischen Herrschaft
mit ein. Dennoch ist der Unterschied zwischen
einem Monarchen und einem Despoten oft sehr
subjektiv. Baron de Montesquieu argumentierte
im 18. Jahrhundert in seinem Werk *Vom Geist
der Gesetze*, der Unterschied liege darin, dass
die Taten eines Königs von Gesetz und Tradition
geleitet, die Herrschaft eines Tyrannen dagegen
willkürlich und launisch sei. Doch auch so einige
Monarchen (zum Beispiel Ludwig XIV. von Frankreich und – zumindest laut Meinung des britischen Parlaments – Karl I. von England) scheinen
diese Linie überschritten zu haben.

VERWANDTE THEORIEN

MONARCHIE
Seite 14

FASCHISMUS
Seite 38

TOTALITARISMUS
Seite 44

PATRIMONIALISMUS
Seite 46

3-SEKUNDEN-BIOGRAFIEN
PEISISTRATOS
546–527/8 v. Chr.
Erster Tyrann von Athen

KIM IL-SUNG
1948–1994
Ehemaliger Präsident von Nordkorea, der einen Personenkult
etablierte

SADDAM HUSSEIN
1979–2003
Ehemaliger Präsident des Irak

30-SEKUNDEN-TEXT
CHRISTOPHER N. LAWRENCE

*»Überall, wo das Ge-
setz endet, beginnt
Tyrannei.«*
JOHN LOCKE

ARISTOKRATIE

30 Sekunden Politik

Beim Schauen der Abendnachrichten hat sich bestimmt ein jeder schon einmal gefragt: »Wie konnte dieser Clown nur gewählt werden – selbst ich wäre besser geeignet!« Ob bewusst oder nicht, dieses Urteil ist im wesentlichen aristokratischer Natur. Die Aristokratie ist eine Herrschaft von wenigen, und sie gründet darauf, dass nicht jeder im gleichen Maße als Anführer geeignet ist und die meisten Menschen als Herrscher völlig untauglich sind. Regieren ist überaus schwierig, es prägt die Lebensqualität eines jeden Bürgers, und ein guter Regent braucht idealerweise Grips, eine beträchtliche Vorbereitung und eine entsprechende Ausbildung. Die Aristokratie gründet also auf dem Konzept der Meritokratie – der Vorstellung, dass nur die Weisesten und Tugendhaftesten Zugang zur Macht haben sollten. Praktisch jeder räumt ein, dass es Herrscher gibt, die besser sind als andere, und dass sich manche Menschen besser als Regenten eignen als andere. Der öffentliche Widerstand gegen eine bereitwilligere Akzeptanz von Aristokratien beruht also weniger auf der Theorie als auf der Praxis. Seit ihren Anfängen im antiken Griechenland wurde die Aristokratie mit der Herrschaft von wohlhabenden Familien verbunden, deren Macht und Reichtum von Gesetzen untermauert wurden, die fast immer zu Opulenz führten, aber nur gelegentlich zu Gerechtigkeit.

3-SEKUNDEN-PAROLE
Aristokratie bedeutet Herrschaft von wenigen, ob es nun die Schlausten und Besten eines Landes, die reichsten Adligen oder eine Gruppe angesehener (aber vielleicht von Inzucht geprägter) Familien sind.

3-MINUTEN-MANIFEST
Rhetorik und Realität passen nicht immer zusammen. Die Verwendung des Begriffs »Aristokratie« impliziert fast immer Kritik; auch einige Merkmale moderner Demokratien wie Wahlen oder die Berufung von Richtern auf Lebenszeit sind ursprünglich Elemente der Aristokratie, die sich in die demokratische Welt hinübergerettet haben. Die demokratischere Bestimmung von Machthabern durch das Los – wie etwa bei der Auswahl von Geschworenen in den Vereinigten Staaten und in Großbritannien – wird auf nationaler Ebene selten verwendet.

VERWANDTE THEORIEN
MONARCHIE
Seite 14

OLIGARCHIE
Seite 22

PATRIMONIALISMUS
Seite 46

3-SEKUNDEN-BIOGRAFIEN
PLATON
428–348 v. Chr.
Griechischer Philosoph, der sich für eine Regierung der Weisen aussprach

ALEXIS DE TOCQUEVILLE
1805–1859
Französischer Adliger, der genaue Betrachtungen zur Demokratie anstellte

30-SEKUNDEN-TEXT
MICHAEL E. BAILEY

»*Die Familie repräsentiert (...) ihren Namen, ihren Ursprung, ihren Ruhm, ihre Macht und ihre Tugenden. Sie ist unsterblicher Zeuge der Vergangenheit und kostbares Unterpfand für ihre Existenz in der Zukunft.*«
ALEXIS DE TOCQUEVILLE

384 v. Chr.
Wird in Stageira geboren

367 v. Chr.
Besucht Platons Akademie in
Athen

343 v. Chr.
Angestellt als Lehrer für den
zukünftigen Alexander den
Großen

335 v. Chr.
Gründet seine Schule in Athen

322 v. Chr.
Flieht aufgrund der anti-
makedonischen Stimmungen
aus Athen und stirbt im selben Jahr auf Euböa

ARISTOTELES

»So viel ist nun klar, dass diejenige Verfassung notwendig die beste ist, nach deren Ordnung jedweder am tugendhaftesten handelt und glückselig lebt.« Dieses Zitat könnte von Jefferson oder vielleicht auch von John Locke aus der Aufklärung stammen, aber es ist aus Aristoteles' Abhandlung *Politik* und zeigt die große Bedeutung, die dieser antike griechische Philosoph auf die heutige westliche Philosophie und politische Theorie hat.

Aristoteles wurde im Jahr 384 vor Christus geboren und stammte aus einer Aristokratenfamilie. Mit 18 Jahren besuchte er Platons Akademie in Athen und verbrachte die nächsten zwanzig Jahre dort. Etwa zur Zeit von Platons Tod im Jahr 348 vor Christus verließ Aristoteles Athen und reiste durch Kleinasien. 343 stellte König Philipp II. von Makedonien Aristoteles als Lehrer für seinen Sohn ein, den zukünftigen Alexander den Großen. 335 kehrte Aristoteles nach Athen zurück und lehrte und forschte mit seinen Schülern am Lykeion – seine Schule erhielt später den Namen Peripatos. In den folgenden zwölf Jahren verfasste er seine einflussreichsten Werke, darunter Abhandlungen zur Ethik, Natur, Philosophie, Poesie und Politik.

Das Werk *Politik* gliedert sich in acht Bücher. Es behandelt eine breite Palette von politischen Konzepten, aber seine größte Bedeutung für die heutige Zeit liegt vielleicht in der Untersuchung von Machtverantwortung. In Buch IV wiegt Aristoteles die Vor- und Nachteile von drei »Verfassungen« gegeneinander ab, die einer Alleinherrschaft, einer Herrschaft von wenigen und einer Herrschaft von vielen. Er argumentiert, eine Monarchie (Alleinherrschaft) könne erfolgreich sein, wenn der König moralisch ist, aber auch leicht in eine Despotie abgleiten, wenn er es nicht ist. Ein Staat, der von einer Aristokratie (Herrschaft von wenigen) regiert wird, wird zu einer Oligarchie, wenn er sich nur für die Interessen der Wohlhabenden einsetzt, und wenn man alle an der Regierung beteiligt (Herrschaft von vielen), würde sich der Staat nur noch um die Armen kümmern und die Bedürfnisse aller anderen außen vor lassen. Aristoteles folgerte daraus, dass die fairste Verfassung eine gemischte Staatsorganisation aus Reich und Arm sei.

OLIGARCHIE

30 Sekunden Politik

In einer Oligarchie bestimmt eine herrschende Elite, die beim Regieren ihre eigenen Interessen verfolgt und nicht die der Gesellschaft als Ganzes. Aristoteles entwickelte das Konzept als eine seiner Kategorien von Stadtstaaten. In einem oligarchischen politischen System liegt die ökonomische und militärische Macht in den Händen einiger weniger, entweder bei Familien oder bei eng verbundenen Gruppen mit langwährenden gemeinsamen Interessen. Sie kontrollieren den Löwenanteil des Besitzes, sodass die Kluft zwischen Arm und Reich groß ist und die Mehrheit der Bevölkerung wenig politischen Einfluss hat. Definitionsgemäß ist eine Oligarchie antidemokratisch, und selbst wenn Wahlen abgehalten werden, wird der Status quo dabei nicht hinterfragt. Wird die Oligarchie bedroht, reagiert sie mit Unterdrückung oder Absetzung der verantwortlichen Kräfte. Dementsprechend ist das politische System so aufgebaut, dass der Status quo unangetastet bleibt. Moderne Beispiele finden sich unter den Staaten Mittelamerikas und der Karibik. In Ländern wie Guatemala, Haiti oder Honduras sitzen aus Gründen der Kolonialgeschichte bis heute Oligarchen fest im Sattel. Seit Generationen herrschen dort Großfamilien mit enormem Landbesitz, und die Machtstruktur hat sich im Laufe der Zeit nur geringfügig verändert.

3-SEKUNDEN-PAROLE
Eine Oligarchie ist ein politisches System mit einer kleinen herrschenden Elite, die sich an den Ressourcen aller bedient und ausschließlich sich selbst bereichert.

3-MINUTEN-MANIFEST
Aristoteles argumentierte, eine Aristokratie sei zwar eine Herrschaft von wenigen, aber nicht oligarchisch, weil sie das Gemeinwohl zum Ziel habe. Eine Oligarchie kann auch schnell patrimonial werden, wenn die wenigen nicht zwischen ihren eigenen Interessen und denen des Staates unterscheiden.

VERWANDTE THEORIEN

ARISTOKRATIE
Seite 18

AUTORITARISMUS
Seite 28

PATRIMONIALISMUS
Seite 46

3-SEKUNDEN-BIOGRAFIEN
PLATON
428–347 v. Chr.
Griechischer Philosoph, der die Oligarchie als eine Herrschaft der Wohlhabenden definierte

ARISTOTELES
384–322 v. Chr.
Siehe Seiten 20–21

GAETANO MOSCA
1858–1941
Italienischer Theoretiker, der über die Elitenherrschaft schrieb

30-SEKUNDEN-TEXT
GREGORY WEEKS

»Die Tyrannei eines Prinzen in einer Oligarchie ist nicht so gefährlich für das Allgemeingut wie die Apathie der Bürger in einer Demokratie.«
MONTESQUIEU

DEMOKRATIE

30 Sekunden Politik

3-SEKUNDEN-PAROLE
Demokratie ist Herrschaft durch und für das Volk.

3-MINUTEN-MANIFEST
Für manche sind Länder wie die Vereinigten Staaten oder Frankreich Republiken und keine Demokratien. Es stimmt tatsächlich, dass diese Länder weder direkte Demokratien besitzen, in der jeder an der Regierung teilnimmt, noch die Mehrheit immer ihren Willen durchsetzen kann. Eine Republik ist im Grunde eine Regierung ohne König mit einer vom Volk ausgehenden Macht. In *Der Föderalist* gebrauchte James Madison den Begriff »Republik« für ein Regierungssystem mit gewählten Vertretern. Im heutigen Sprachgebrauch sind die Begriffe weitgehend gleichbedeutend. Doch einige Länder, die sich »Republiken« nennen, gewähren ihrer Bevölkerung keinerlei Mitsprache.

Demokratie ist ein einfaches und zugleich sehr umstrittenes Konzept. Natürlich mögen alle die Idee, dass sich ein Volk selbst regiert, aber die Frage lautet: Wie soll das umgesetzt werden? Sollten alle direkt regieren, oder sollten Volksvertreter gewählt werden, die dann im Namen aller regieren? Und wenn Vertreter gewählt werden, wie soll das ablaufen? Und wenn wir schon dabei sind, wer ist eigentlich »das Volk«? Der Begriff Demokratie leitet sich von den beiden griechischen Wörtern *demos* (»Volk«) und *kratos* (»Herrschaft«) ab. Es ist ein sehr altes und zugleich ein sehr modernes Konzept. Bereits Platon und Aristoteles diskutierten über die Demokratie, und beide sahen darin Probleme, da die Armen ihren zahlenmäßigen Vorteil nutzen würden, um die Reichen zu schädigen. Erst im späten 17. und frühen 18. Jahrhundert entstand die Demokratie als praktikable Herrschaftsform, und erst im 20. Jahrhundert kam sie zur vollen Reife, als das Stimmrecht für alle Bürger unabhängig von Rasse, Geschlecht oder Einkommen zur Norm wurde. In einer modernen Demokratie geht die Macht vom Volk aus, das seine Macht auf gewählte Volksvertreter überträgt. Die Demokratie ist weltweit die dominierende Herrschaftsform geworden, auch wenn die Qualität häufig Thema von Debatten ist.

VERWANDTE THEORIEN

REPRÄSENTATIVE DEMOKRATIE
Seite 58

KLASSISCHER LIBERALISMUS
Seite 64

SOZIALDEMOKRATIE
Seite 74

PARLAMENTARISCHE
DEMOKRATIE
Seite 92

3-SEKUNDEN-BIOGRAFIEN
JOHN STUART MILL
1806–1873
Britischer Philosoph mit wichtigen Beiträgen zu den Themen Freiheit und Repräsentanz

ROBERT DAHL
1915–2014
Bedeutsamer Analytiker der Demokratie im 20. Jahrhundert

LARRY DIAMOND
1954–
Wichtiger aktiver Gelehrter der Demokratie weltweit

30-SEKUNDEN-TEXT
STEVEN L. TAYLOR

»Die Demokratie ist das einzige System, das die eigentlichen Machthaber befragt, welche Machthaber sie haben möchten.«

WINSTON CHURCHILL

VOLKS-SOUVERÄNITÄT

30 Sekunden Politik

Volkssouveränität beruht auf der Vorstellung, dass die politische Macht allein vom Volk ausgeht, nicht von einem göttlichen oder externen Ursprung. Die Idee der Volksherrschaft beruht auf der eines »Sozialvertrags« zwischen Volk und Regierung, die auf die Aufklärungsphilosophen Thomas Hobbes, John Locke und Jean-Jacques Rousseau zurückgeht, und nach der das Volk einwilligt, von einem Herrscher regiert zu werden, im Tausch gegen vom Herrscher gewährte persönliche Sicherheit, Freiheit und Eigentum. Wenn ein Herrscher seine Macht missbraucht, hat das Volk das Recht zur Rebellion. Theoretisch ist jede Regierungsform eine Volksherrschaft, in der ein Herrscher oder eine herrschende Elite im Interesse und mit Zustimmung des Volkes regiert – sogar ein Diktator kann wohlmeinend regieren, was dann »aufgeklärter Absolutismus« oder »wohlmeinende Diktatur« genannt wird. Heutzutage ist die Idee der Volkssouveränität am ehesten in der repräsentativen Demokratie verankert, bei der in der Regel die Zustimmung des Volks garantiert ist, da es seine Vertreter selbst wählt.

3-SEKUNDEN-PAROLE
Bei einer Volkssouveränität liegt die Macht bei den Regierten, nicht bei den Regierenden.

3-MINUTEN-MANIFEST
Heute behaupten die meisten Regierungen, ihre Legitimität stütze sich auf das Volk, auch wenn es keine Verfahren gibt, die garantieren, dass das Volk echte Kontrolle über die Regierung hat. So behaupteten viele lateinamerikanische Militärdiktaturen des 20. Jahrhunderts und auch die Militärdiktatur in Burma (Myanmar), ihre Herrschaft sei im besten Interesse des Volkes und in dessen Auftrag.

VERWANDTE THEORIEN

DEMOKRATIE
Seite 24

ANARCHISMUS
Seite 56

MEHRHEITSPRINZIP
Seite 60

SOZIALDEMOKRATIE
Seite 74

3-SEKUNDEN-BIOGRAFIEN
JOHANN OHNELAND
1199–1216
Unterschrieb die Magna Carta und erkannte damit eine Begrenzung der königlichen Macht an

THOMAS JEFFERSON
1743–1826
Verfasser der Unabhängigkeitserklärung der Vereinigten Staaten

30-SEKUNDEN-TEXT
CHRISTOPHER N. LAWRENCE

»Regierungen müssen der Natur der Regierten entsprechen; sie sind sogar ein Ergebnis dieser Natur.«
GIOVANNI BATTISTA VICO

AUTORITARISMUS

30 Sekunden Politik

Autoritarismus ist eine breite

Kategorie, die jede Art von Regierung umfasst, in der die ultimative Macht bei einer bestimmten Person oder einer privilegierten Klasse oder Gruppe liegt. Die Entscheidungsträger sind an der Macht, weil sie aus einer bestimmten Familie stammen (etwa in Aristokratien oder Monarchien), aus einer bestimmten klerikalen Klasse (wie in einer Theokratie) oder aus einer anderen Gruppe mit spezifischen Machtfunktionen (z. B. Militär oder Großgrundbesitzer). Einige autoritäre Regierungen herrschen mit Brutalität über ihr Volk. Andere nehmen den Anschein einer Demokratie an und erlauben sogar die Gründung politischer Parteien, gestehen ihnen aber keine wirkliche Macht zu, etwa indem sie Scheinwahlen abhalten, deren Ergebnisse immer die herrschende Regierung begünstigen. Ob ein Regime autoritär ist oder nicht, lässt sich grundsätzlich daran erkennen, ob die Machthaber die vom Volk selbst definierten Interessen berücksichtigen müssen. Mit anderen Worten: Kann die Öffentlichkeit die Regierungselite für ihre Entscheidungen verantwortlich machen, oder kann die Elite die Bevölkerung schlicht ignorieren? Wenn die Regierenden von dem Volk, das sie regieren, nicht zur Verantwortung gezogen werden können, spricht man von einem autoritären Regime.

3-SEKUNDEN-PAROLE
Autoritarismus ist die Herrschaft von einem oder von wenigen.

3-MINUTEN-MANIFEST
Während man Autoritarismus häufig mit Extrembeispielen wie Hitlerdeutschland verbindet, ist es wichtig, daran zu erinnern, dass es ein breites Spektrum autoritärer Regierungsformen gibt, und nicht alle davon sind extrem. Auch ist nicht davon auszugehen, dass ein Land demokratisch ist, nur weil dort Wahlen abgehalten werden. So gab es zum Beispiel Wahlen in Ländern wie der Sowjetunion, in Kuba unter Fidel Castro und im Irak unter Saddam Hussein.

VERWANDTE THEORIEN

EINPARTEIENHERRSCHAFT
Seite 36

FASCHISMUS
Seite 38

TOTALITARISMUS
Seite 44

THEOKRATIE
Seite 50

3-SEKUNDEN-BIOGRAFIEN
HANNAH ARENDT
1906–1975
Politikphilosophin, die sich auf das Studium des Totalitarismus spezialisierte

JUAN J. LINZ
1926– 2013
Politiktheoretiker und Autor von *Totalitarian and Authoritarian Regimes*

30-SEKUNDEN-TEXT
STEVEN L. TAYLOR

»In einer Republik bedarf es der Tugend, in einer Monarchie der Ehre, unter einer despotischen Regierung der Furcht.«
MONTESQUIEU

KLASSENKAMPF

30 Sekunden Politik

Der Klassenkampf ist eine Theo-rie, die gewöhnlich mit der marxistischen oder kommunistischen Idee verbunden ist, dass eine kapitalistische Industriegesellschaft unweigerlich zu einem Konflikt zwischen der proletarischen Arbeiterklasse, die die Waren produziert und für ihre Arbeit einen Lohn erhält, und der Bourgeoisie führt, also der Mittel- und Oberschicht, die das Kapital oder die Produktionsmittel besitzt und von der Verwendung dieser Produktionsmittel zur Herstellung von Waren profitiert. In ihrem Kommunistischen Manifest und anderen Schriften argumentieren Karl Marx und Friedrich Engels, das Proletariat bekomme keine angemessene Vergütung für seine Arbeitsleistung – mit anderen Worten, die Bourgeoisie bezahle den Arbeitern nur einen Bruchteil des wahren Wertes ihrer Arbeit und behalte die Differenz für sich selbst. Marx und Engels glaubten, diese ökonomische Beziehung sei eine Form der Ausbeutung und stattdessen müsse das Proletariat die Produktionsmittel besitzen, um die Gewinne ohne Zwischenhändler selbst einstreichen zu können. In der Praxis wäre dafür eine revolutionäre Veränderung von Staat und Gesellschaft nötig, um die Bourgeoisie zu enteignen und um sicherzustellen, dass der Staat bei der Inbesitznahme von Eigentum durch das Proletariat nicht eingreift.

3-SEKUNDEN-PAROLE
Zum Klassenkampf kommt es, wenn diejenigen, die die ganze Arbeit verrichten, sich gegen diejenigen erheben, die das ganze Geld besitzen.

3-MINUTEN-MANIFEST
Klassenkampf gibt es in verschiedenen Formen – von den weitgehend gescheiterten Versuchen, den Marxismus in Mittel- und Osteuropa, Kuba und Ostasien durchzusetzen, bis zu gemäßigteren Bemühungen der Schaffung uneinheitlicher Volkswirtschaften. Sogar in den Ländern, in denen der Kapitalismus am stärksten verankert ist, etwa in den Vereinigten Staaten, ist das Recht der Arbeiter, sich aus gemeinsamen Interessen zu organisieren und so den »Klassenkampf« zu institutionalisieren, gesetzlich geschützt, obwohl die Macht der Gewerkschaften in kapitalistischen Gesellschaften seit dem Zweiten Weltkrieg schwindet.

VERWANDTE THEORIEN

KOMMUNISMUS
Seite 102

MARXISMUS
Seite 104

LENINISMUS
Seite 108

3-SEKUNDEN-BIOGRAFIEN
KARL MARX
1818–1883
Siehe Seiten 106–107

FRIEDRICH ENGELS
1820–1895
Mitverfasser *des Kommunistischen Manifests*

THOMAS MÜNTZER
1488–1525
Reformationstheologe und ein Anführer des Bauernkriegs

30-SEKUNDEN-TEXT
CHRISTOPHER N. LAWRENCE

»Verschwindet endlich, ihr empörenden Unterschiede zwischen Reich und Arm, Groß und Klein, zwischen Herr und Sklave, Herrscher und Beherrschtem.«

SILVAIN MARÉCHAL

HERRSCHAFT VON WENIGEN ◑

HERRSCHAFT VON WENIGEN
GLOSSAR

Achsenmächte Von Deutschland geführte Koalition mit Italien und Japan während des Zweiten Weltkriegs. Dagegen standen die alliierten Streitkräfte, die von den Vereinigten Staaten, der Sowjetunion und Großbritannien angeführt wurden.

Annexion Einverleibung eines gewöhnlich kleineren Landes oder Gebiets in ein anderes Land oder Gebiet, die oft mit Anwendung oder Androhung von Gewalt erfolgt. Der annektierende Staat versucht, seine Souveränität durch internationale Gremien zu legitimieren.

Anschluss Annexion Österreichs durch Nazideutschland im Jahr 1938. Obwohl dies gegen den Versailler Vertrag verstieß, akzeptierten Großbritannien und Frankreich den Anschluss mit nur leichtem Einwand.

Arier Ursprünglich ein Begriff aus der Ethnolinguistik für Völker, die eine indoeuropäische Sprache sprechen, wurde der Ausdruck von der NSDAP zweckentfremdet, um eine »Meisterrasse« von Menschen mit nordeuropäischer Abstammung zu definieren. Damit sollten »arische« von »semitischen« Völkern unterschieden werden.

Autokratie Herrschaftsform, in der eine Person unkontrollierte und unbegrenzte Macht besitzt. Heute ist der Begriff gleichbedeutend mit Despotie, Tyrannei oder Diktatur.

Drittes Reich Bei der Machtübernahme von Hitler und den Nazis eingeführter Name für Deutschland. Hitlers Drittes Reich folgte dem auch als Erstes Reich bezeichneten Heiligen Römischen Reich (962–1806) und dem Zweiten Reich, dem von Bismarck vereinten Deutschen Kaiserreich (1871–1918).

Göttliches Recht der Könige Politische und religiöse Vorstellung, nach der Könige ihr Recht zu herrschen direkt von Gott erhielten und nur Gott gegenüber Rechenschaft schuldig seien. Diese Doktrin stärkte den königlichen Absolutismus und war besonders mächtig im England und Frankreich des 16. und 17. Jahrhunderts, verlor ihren Einfluss aber nach der Glorreichen Revolution von 1688 in England beziehungsweise nach der Französischen Revolution und der Amerikanischen Revolution Ende des 18. Jahrhunderts.

Faszes Symbol der Justizautorität aus der römischen Republik. Es bestand aus einem Bündel von langen Stöcken, das so gebunden war, dass es einen Zylinder bildete. Meist enthielt das Bündel irgendwo unter den Stöcken eine Langaxt, deren Klinge oben oder an der Seite herausragte. Mussolini nutzte das Symbol und das Wort Faszes, als er 1914 in Italien eine faschistische Bewegung gründete.

Hegemonie Politische und/oder kulturelle Dominanz einer Gruppe, eines Staates oder einer Nation über andere, gewöhnlich aufgrund wirtschaftlicher, technologischer oder militärischer Überlegenheit, oft auch begleitet von kooperativem Handel. Der italienische marxistische Theoretiker Antonio Gramsci beschrieb mit diesem Ausdruck die Dominanz einer Klasse über eine andere, bis zu dem Punkt, an dem die untergeordnete Klasse die Weltordnung der dominanten Klasse als »natürlich« akzeptiert.

Klientelismus Soziale und/oder politische Gewohnheit, bei der politisch bestrebte wohlhabende und mächtige Einzelpersonen (»Gönner«) sicherstellen, dass öffentliche Gelder, etwa für den Ausbau der Straßen- oder Schieneninfrastruktur oder für andere Bauprojekte, nur einem bestimmten Teil der Bevölkerung (den »Klienten«) zufließen, und zwar als Gegenleistung für deren Unterstützung in Form der Stimmabgabe oder der Teilnahme an Wahlkampfveranstaltungen.

Mandat des Himmels Politische und soziale Philosophie aus der chinesischen Zhou-Dynastie (ca. 1050 v. Chr.). Ähnlich wie das Göttliche Recht der Könige in Europa verlieh das Mandat des Himmels einem chinesischen Herrscher das Recht, mit göttlicher Zustimmung zu herrschen. Das Mandat des Himmels wurde jedoch nur dann gewährt, wenn ein Herrscher gut regierte – fiel eine Dynastie, wurde angenommen, das Mandat des Himmels sei aufgrund einer schlechten Regierungsführung zurückgezogen worden.

Neonazismus Bezeichnung für jede Form von Rechtsextremismus, in der sich zumindest teilweise die Ideologie Nazideutschlands wiederfindet. Auch wenn die meisten Neonazi-Gruppen in Europa organisiert sind – mit den immer gleichen Steckenpferden wie Antisemitismus, Fremdenfeindlichkeit und extremer Nationalismus gibt es auch in anderen Teilen der Welt Gruppierungen, die die Ideologie der »weißen Vorherrschaft« vertreten.

Politisieren Ein nicht politisches Thema in ein politisches verwandeln. Wichtige wissenschaftliche Erkenntnisse wie die Erderwärmung oder moralische Themen wie die Abtreibung oder die Legalisierung bestimmter Drogen sind so allgegenwärtig und polarisierend, dass sich Politiker entweder verpflichtet fühlen oder aufgefordert werden, sich zu positionieren. Der Begriff gilt auch für Einzelpersonen oder Gruppen, die zu politischem Denken angehalten werden.

Propaganda Nachrichten, die in Umlauf gebracht werden, um eine politische Sicht oder Gruppe zu unterstützen. In der Regel sind diese über Zeitungen, Broschüren, Fernsehen, Radiosendungen oder das Internet gestreuten Informationen voreingenommen oder sogar gefälscht.

Sultanismus Eine Form der Autokratie, in der ein Herrscher mit absoluter Autorität regiert.

EINPARTEIEN-HERRSCHAFT

30 Sekunden Politik

VERWANDTE THEORIEN

AUTORITARISMUS
Seite 28

KOMMUNISMUS
Seite 102

Die Einparteienherrschaft ist ein

politisches System, an dem nur eine Partei teilnehmen darf oder restriktive Wahlregeln es einer anderen Partei praktisch unmöglich machen, in das System einzutreten. Die Partei sitzt an den Schalthebeln der Macht und nutzt staatliche Ressourcen, Propaganda und eigene Vorteile aus Gönner-Klienten-Netzwerken für die Sicherung des Machterhalts. Ein solches System ist eindeutig undemokratisch, kann im Gegensatz zu einer personalistischen Diktatur aber sehr lange überleben, weil es von einer bürokratischen Struktur gestützt wird, die besser zwischen Regierung und Volk vermittelt. Kommunistische Diktaturen sind gute Beispiele aus der heutigen Zeit, mit einer Kommunistischen Partei als elitäre Organisation, die keinen politischen Wettbewerb zulässt. Es ist jedoch wichtig zu beachten, dass solche Systeme überall im ideologischen Spektrum auftreten können. Auch kann die Beziehung zwischen Diktator und Partei ganz unterschiedlich sein: In einigen Fällen hat die Partei immensen Einfluss, wie etwa früher in der Sowjetunion, in anderen liegt die Macht allein beim Anführer, wie etwa in Kuba. Doch selbst im letzteren Szenario hat die Partei eine zentrale Funktion, nämlich als Mittler für die Belange des Volkes und die Weisungen des Herrschers.

3-SEKUNDEN-PAROLE
Ein Regierungssystem, in dem nur eine einzige Partei die Party schmeißt.

3-MINUTEN-MANIFEST
Einparteiensysteme sollten nicht mit dominanten Parteiensystemen verwechselt werden, in denen eine Partei hegemonial ist, aber andere Parteien und bis zu einem gewissen Grad auch politische Konkurrenz zugelassen sind, wie zum Beispiel Mexiko in den Jahren 1929 bis 2000 oder auch das heutige Simbabwe. Solche Systeme sind zwar weniger rigide, aber ebenfalls undemokratisch.

3-SEKUNDEN-BIOGRAFIEN
ROBERT MUGABE
*1924
Präsident von Simbabwe

KIM JONG IL
1941–2011
Ehemaliger Oberster Führer von Nordkorea

30-SEKUNDEN-TEXT
GEOFFREY WEEKS

»Macht hat etwas Zerstörerisches – sowohl für den Machthaber als auch für den Beherrschten.«
GEORGE D. HERRON

FASCHISMUS

30 Sekunden Politik

Der Faschismus ist eine radikale

und totalitäre nationalistische Ideologie, die ihren Ursprung in Italien unter Benito Mussolini hat und in verschiedenen Ausprägungen auch in Hitlerdeutschland und Franco-Spanien auftauchte. Der Faschismus ist insofern eine illiberale Regierungsform, als er dem Einzelnen keinen Stellenwert und keine Rechte zugesteht und erwartet, dass die Bürger gemeinsam für die Ehre des Staates einstehen. Der Faschismus definiert sich in gleichem Maße über das, was er unterstützt, wie über das, was er ablehnt: Er ist antimodern, antirational, antidemokratisch und vehement antikommunistisch. Ebenso ist er militaristisch und vertritt eine imperialistische, expansionistische Außenpolitik. Allen faschistischen Regierungen gemein ist die Verwendung militärischer Symbolik, um Bedeutung und Macht des Staates zu untermauern. Der von Benito Mussolini geprägte Name Faschismus geht zurück auf die Faszes, ein römisches Symbol aus einem Bündel von Holzstöcken zusammen mit einer Axtklinge. Mussolini übernahm das Symbol, zum einen weil es an die Pracht und Stärke des antiken Roms erinnert, zum anderen wegen der Ähnlichkeit des Begriffs Faszes mit dem italienischen Wort für Bündel oder Gruppe (*fascio*), was die Idee von gemeinsamer Stärke aus der Einheit heraus betonen sollte.

3-SEKUNDEN-PAROLE
Im Faschismus steht der Staat an oberster Stelle, während das Individuum nichts zählt.

3-MINUTEN-MANIFEST
Dem Faschismus fehlt die starke philosophische und theoretische Untermauerung anderer Ideologien, die er ablehnt. Mit der Niederlage der Achsenmächte im Zweiten Weltkrieg verschwand auch der Faschismus als lebensfähiges Herrschaftsmodell. Heute wird der Begriff meist als politische Beleidigung oder als Warnung vor einer bestimmten Politik oder Gruppe verwendet (manchmal zutreffend, aber oft sehr vage und unpassend).

VERWANDTE THEORIEN

AUTORITARISMUS
Seite 28

NATIONALSOZIALISMUS
Seite 42

TOTALITARISMUS
Seite 44

3-SEKUNDEN-BIOGRAFIEN
GIOVANNI GENTILE
1875–1944
Politiktheoretiker

BENITO MUSSOLINI
1883–1945
Siehe Seiten 40–41

ADOLF HITLER
1889–1945
Diktator von Deutschland

GENERALISSIMO
FRANCISCO FRANCO
1892–1975
Spanischer Diktator

30-SEKUNDEN-TEXT
STEVEN L. TAYLOR

»Der Faschismus sollte Korporatismus heißen, weil er die Macht von Regierung und Konzernen perfekt verschmilzt.«
BENITO MUSSOLINI

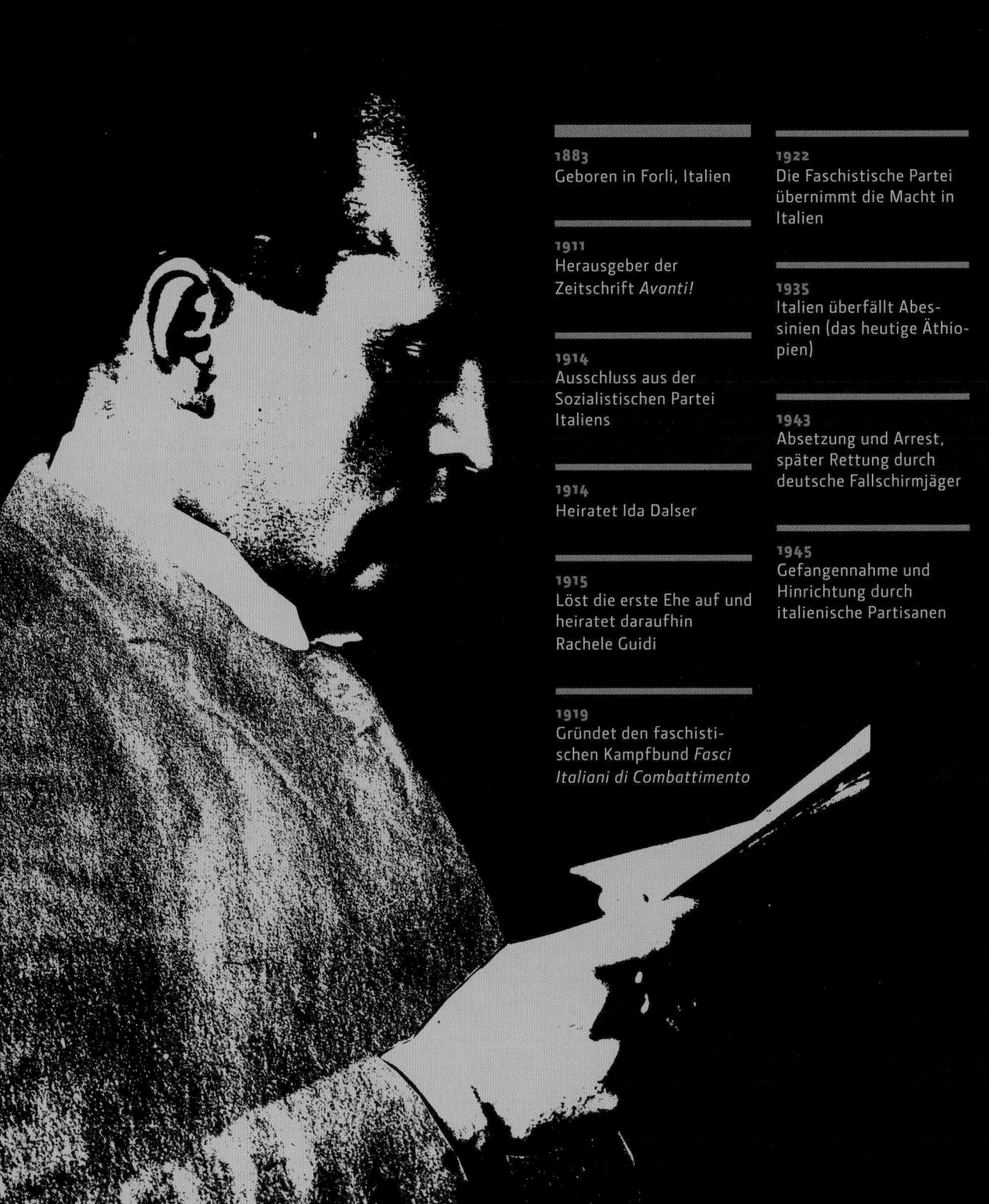

1883
Geboren in Forli, Italien

1911
Herausgeber der
Zeitschrift *Avanti!*

1914
Ausschluss aus der
Sozialistischen Partei
Italiens

1914
Heiratet Ida Dalser

1915
Löst die erste Ehe auf und
heiratet daraufhin
Rachele Guidi

1919
Gründet den faschisti-
schen Kampfbund *Fasci
Italiani di Combattimento*

1922
Die Faschistische Partei
übernimmt die Macht in
Italien

1935
Italien überfällt Abes-
sinien (das heutige Äthio-
pien)

1943
Absetzung und Arrest,
später Rettung durch
deutsche Fallschirmjäger

1945
Gefangennahme und
Hinrichtung durch
italienische Partisanen

BENITO MUSSOLINI

Für viele ist das von Nazideutschland verwendete Hakenkreuz das Symbol des Faschismus schlechthin. Tatsächlich
stammt der Faschismus aber aus Italien, ins
Leben gerufen von Benito Mussolini, der 1883
geboren wurde. Sein Vater war Schmied, Sozialist
und stolzer Nationalist. Bis Anfang zwanzig war
Mussolini in der italienischen sozialistischen
Bewegung aktiv, editierte und verfasste eigene
Artikel für sozialistische Zeitschriften und wurde
1911 Herausgeber der Zeitschrift *Avanti!* der
Sozialistischen Partei Italiens – eine Aufgabe, die
er mit Bravour erfüllte.

Für Mussolini war der Ausbruch des Ersten
Weltkrieges ausschlaggebend. Obwohl er den
Krieg zunächst ablehnte, wurde er später ein
glühender Anhänger. Für ihn war der Krieg eine
gute Gelegenheit für Italien, sich in Europa zu
behaupten, doch die italienische Sozialistische
Partei war gegen Militärgewalt, sodass Mussolini
1914 aus der Partei ausgeschlossen wurde.
Mit der Begründung, er habe Italien im Stich
gelassen, wandte sich Mussolini während des
Krieges vom Sozialismus ab und gründete 1919
den Kampfbund *Italiani di Combattimento*.

Mit seiner stark nationalistischen Botschaft
und der großunternehmenfreundlichen Wirtschaftspolitik des »Dritten Weges« genoss
Mussolinis Faschismus in allen Gesellschafts-
schichten breite Unterstützung. 1922 ergriff
Mussolinis Faschistische Partei mit stiller Unterstützung des Königs die Macht. Sofort setzte
Mussolini auf Propaganda und rabiate Zwangs-
methoden, um die Sache der Faschisten voran-
zutreiben, verbot alle Oppositionsparteien
und schuf eine Diktatur. Trotz seiner Brutalität
war Mussolini beliebt, und sein Programm der
staatlichen Bauvorhaben erhielt große Unterstützung. Zu keiner Zeit pflegte Mussolini ein
gutes Verhältnis zu Hitler. Dem Italiener missfiel
die Nazivariante des Faschismus mit ihren antisemitischen und eugenischen Obertönen, obwohl
auch er selbst antisemitische Gesetze einführte.

Die Allianz mit Deutschland im Zweiten Weltkrieg war pragmatisch und opportunistisch – er
glaubte, Hitler würde den Krieg gewinnen und
dem Königreich Italien weitere Macht zukommen
lassen. Nach anfänglichen Erfolgen der Achsenmächte wendete sich ab 1942 das Blatt,
und 1943 wurde Mussolini, der in Italien mittlerweile seine gesamte Popularität eingebüßt
hatte, seines Amtes enthoben und verhaftet.
Nach seiner Rettung und der anschließenden
Installation als Galionsfigur für ein neues
faschistisches Regime wurde er 1945 von italienischen Partisanen gefangen genommen und
hingerichtet.

NATIONAL-SOZIALISMUS

30 Sekunden Politik

3-SEKUNDEN-PAROLE
Nationalsozialismus ist eine Variante des Faschismus mit agressiv antisemitischen und rassistischen Wesenszügen.

3-MINUTEN-MANIFEST
In seinem Buch *Mein Kampf* unterteilte Hitler die menschliche Rasse in drei Gruppen: die Schöpfer der Kultur (Arier), die Zerstörer der Kultur (Juden, Zigeuner, Homosexuelle und viele andere Gruppen) und die Förderer der Kultur (alle anderen). Seiner Rassentheorie folgend glaubte er, die Arier müssten herrschen, die Juden (sowie andere, die für ihn Untermenschen waren) dagegen ausgerottet werden.

Als Variante des Faschismus war der Nationalsozialismus eine totalitäre Ideologie, die extremen Nationalismus mit Rassismus und militärischem Expansionismus verband. »Nazi« bezeichnet in Analogie zu »Sozi« Mitglieder der Nationalsozialistischen Deutschen Arbeiterpartei und Anhänger ihres Führers Adolf Hitler, der 1933 in Deutschland Kanzler wurde. Einmal an der Macht regierten die Nazis mit einer totalitären Einparteienherrschaft. Ihre Ideologie war illiberal, antisemitisch, antimarxistisch und streng nationalistisch. Ein Schlüsselelement war die Idee, die germanischen Völker müssten zu einem einzigen Reich vereint werden. Der erste große Schritt in diese Richtung war der Anschluss Österreichs, gefolgt von der Eingliederung von Teilen der Tschechoslowakei, wie sie das Münchner Abkommen vorsah (der kruden Logik folgend, die ethnisch deutsche Bevölkerung müsse mit Deutschland vereinigt werden), und der Eroberung Polens. Der im deutschen Nationalismus wurzelnde Nationalsozialismus (nach dem Zweiten Weltkrieg als Neonazismus bezeichnet) forderte eine weiße Vorherrschaft mit aggressiven Elementen, jedoch ohne schlüssige Philosophie. Der »klassische« Nationalsozialismus fand zusammen mit Hitlers Drittem Reich ein Ende. Der Nationalsozialismus in Deutschland war stark mit dem Personenkult um Adolf Hitler verbunden.

VERWANDTE THEORIEN

AUTORITARISMUS
Seite 28

FASCHISMUS
Seite 38

TOTALITARISMUS
Seite 44

3-SEKUNDEN-BIOGRAFIEN
FRIEDRICH NIETZSCHE
1844–1900
Deutscher Philosoph, dessen Werk den Nationalsozialismus inspiriert haben soll

BENITO MUSSOLINI
1883–1945
Siehe Seiten 40–41

MARTIN HEIDEGGER
1889–1976
Deutscher Philosoph mit engen Verbindungen zur Nationalsozialistischen Deutschen Arbeiterpartei

30-SEKUNDEN-TEXT
STEVEN L. TAYLOR

»Stärke ist das oberste Gesetz.«
ADOLF HITLER

TOTALITARISMUS

30 Sekunden Politik

Ein totalitäres System ist eine

Form der Diktatur, in der die herrschende Elite nicht nur die politikbezogenen Aspekte im Leben der Bürger bestimmt, sondern auch deren Privatleben kontrolliert. Ursprünglich diente der Begriff in den 1920er-Jahren als Umschreibung des Faschismus, mittlerweile wird er aber häufiger mit kommunistischen Systemen verbunden. Der Staat bestimmt die Handlungen eines jeden, um sicherzustellen, dass zumindest theoretisch jedes Mitglied der Gesellschaft als Teil eines organischen Ganzen arbeitet, das von der zentralen Autorität organisiert wird. Politische Opposition ist nicht gestattet, vielmehr kontrolliert der Staat jede Organisation und bestimmt, wo die Bürger leben oder wohin sie reisen dürfen. Teil eines totalitären Systems sind auch symbolische Demonstrationen der Einheit mit inszenierten Paraden, Zeremonien und anderen Zurschaustellungen der Unterstützung. Infolgedessen ist die gesamte Gesellschaft politisiert, und es existiert keine klare Abgrenzung zwischen Staat und Gesellschaft. Wie von der Philosophin Hannah Arendt dargelegt, zerstört der Staat alle konkurrierenden Interessen und versucht, seine Bürger zu dominieren. Das aktuell beste Beispiel ist Nordkorea, wo extreme Abschottung und wirksame Propaganda dem Staat die fast vollständige Kontrolle über die Bevölkerung ermöglichen.

»Der Totalitarismus hat eine Methode aufgezeigt, mit der sich Menschen von innen heraus dominieren und terrorisieren lassen.«
HANNAH ARENDT

PATRIMONIALISMUS

30 Sekunden Politik

Patrimonialismus ist ein Regierungsstil, bei dem wenig oder kein Unterschied zwischen den privaten Interessen des Herrschers und dem öffentlichen Interesse besteht – »privat« und »im Dienst des Staates« sind ein und dasselbe. Wenn ein Herrscher alle Staatsressourcen kontrolliert, kann er sie nach eigenem Belieben verwenden. Definitionsgemäß ist diese Regelung sowohl undemokratisch als auch autokratisch. Sie ist eine extreme Version des »Klientelismus«, eine Gönner-Klienten-Beziehung zwischen Herrscher und Beherrschtem, bei der Staatsressourcen nach unten und politische Unterstützung nach oben fließen. Der Begriff Patrimonialismus wurde von Max Weber geprägt, der die willkürlichen Entscheidungen von Mitgliedern des Königshauses analysierte, die in ihrem Verhalten nur wenigen oder gar keinen Beschränkungen unterlagen. Er konzentrierte sich dabei auf das frühneuzeitliche Europa vom späten 15. bis zum ausgehenden 18. Jahrhundert. Eher als der Beamtenapparat treffen Familienmitglieder verbindliche Entscheidungen, denn Regierungsbeamte sind ganz auf persönliche Beziehungen mit den Herrschern angewiesen, und diese greifen zu jedem nötigen Mittel, um Folgsamkeit durchzusetzen. Dies wiederum führt zu Instabilität, denn die einzige Chance auf einen Wandel ist der Sturz des Herrschers.

3-SEKUNDEN-PAROLE
Manchmal erweitern Herrscher ihre Macht so weit, bis ihre eigenen Interessen und die Interessen des Staates deckungsgleich sind.

3-MINUTEN-MANIFEST
Max Weber bezeichnete extreme Arten des Patrimonialismus als »Sultanismus«. Eine prominente moderne Form davon ist der Neopatrimonialismus, der Systeme bezeichnet, die zwar keine Monarchien sind, doch Merkmale des traditionellen Patrimonialismus aufweisen. Beispiele für neopatrimoniale Systeme gibt es in Afrika, Südamerika und im Nahen Osten.

VERWANDTE THEORIEN
OLIGARCHIE
Seite 22

AUTORITARISMUS
Seite 28

3-SEKUNDEN-BIOGRAFIEN
FRANÇOIS »PAPA DOC«
DUVALIER
1907–1971
Sultanistischer Diktator von Haiti

ANASTASIO SOMOZA GARCIA
1896–1956
Begründete eine sultanistische Dynastie in Nicaragua

MAX WEBER
1864–1920
Deutscher Soziologe und einflussreicher Politökonom

30-SEKUNDEN-TEXT
GREGORY WEEKS

»De facto haben Sie die Wahl gewonnen, bei der Auszählung der Stimmen aber habe ich gesiegt.«
ANASTASIO SOMOZA GARCIA

PRÄTORIANISMUS

30 Sekunden Politik

3-SEKUNDEN-PAROLE
Oft glaubt das Militär,
es könne ein Land besser
führen als Zivilisten.

3-MINUTEN-MANIFEST
Am deutlichsten zeigt
sich der Prätorianismus
in Entwicklungsländern
Lateinamerikas, Südasiens
und Afrikas. Meist war das
Militär während des Über-
gangs in die Unabhängig-
keit die stärkste politische
Institution und spielte
dann auch weiterhin den
Vermittler bei der Regelung
ziviler politischer Konflikte.

Prätorianismus kann absolute Mi-
litärherrschaft, aber auch nur starken Einfluss
des Militärs auf die Politik bedeuten. Der Begriff
ist abgeleitet von der Prätorianergarde des Römischen Reiches, einer Gruppe von Soldaten, die
für den Schutz der politischen Führung verantwortlich war. Im Laufe der Zeit wurde die Garde
immer unabhängiger und mächtiger, ermordete
Kaiser und übertrug die Macht an andere. Im
heutigen Kontext spiegelt dies eine Situation
wider, in der das Militär politisiert wird, um dann
die volle Kontrolle über das politische System
zu übernehmen und direkt zu herrschen. Deshalb fühlen sich Militärs häufig in militärischen
und politischen Angelegenheiten fähiger als
Zivilisten. Das Phänomen ist oft verbunden mit
einer schwachen demokratischen Elite, anfälligen
politischen Institutionen, ideologischer Polari-
sierung, Verknüpfungen der politischen Elite mit
dem Militär und der Vorstellung, das Militär habe
dazu einen legitimen Anspruch. Dabei wird die
zunehmende Dominanz des Militärs gefestigt,
das vor allem in Krisenzeiten zum zentralen politischen Akteur wird. Zum Beispiel müssen die
politischen Führer im heutigen Pakistan auf die
Unterstützung des Militärs setzen oder einen
Umsturz fürchten. Ein noch besseres Beispiel
ist Bolivien, wo es seit der Unabhängigkeit 1825
erstaunliche 193 Militärputsche gab.

VERWANDTE THEORIEN
DESPOTIE
Seite 16

AUTORITARISMUS
Seite 28

3-SEKUNDEN-BIOGRAFIEN
AUGUSTO PINOCHET
1915–2006
Ehemaliger Militärdiktator von
Chile

SAMUEL P. HUNTINGTON
1927–2008
Autor von *The Soldier and
the State*

PERVEZ MUSHARRAF
*1943
Ehemaliger Militärführer und
Präsident von Pakistan

30-SEKUNDEN-TEXT
GREGORY WEEKS

*»Die Demokratie muss
gelegentlich in Blut
gebadet werden.«*
AUGUSTO PINOCHET

THEOKRATIE

30 Sekunden Politik

Theokratie bedeutet Herrschaft

durch Gott, entweder direkt oder vertreten durch Priester. Sie ist nicht dasselbe wie eine Staatsreligion, die neben der politischen Herrschaft herläuft. Eine Theokratie impliziert, dass die Macht zu regieren auf Gott zurückgeht und dass jeder Regierende ein Sprachrohr für Gottes Gesetz und Anweisungen ist. In einigen Beispielen sind die gleichen Personen sowohl für die religiösen als auch die politischen Angelegenheiten eines Landes zuständig. In anderen gibt es zwei verschiedene Gruppen, wobei die weltliche der religiösen unterstellt ist. Die meisten Beispiele für Theokratien sind historisch. Zu biblischen Zeiten lebten die Israeliten unter einer Theokratie und wurden durch das Gesetz Mose regiert, das direkt von Gott an Moses übergeben wurde. Ähnlich regierte Mohammed im frühen Islam als Empfänger der Gesetze Allahs. Während der Renaissance kombinierten die Päpste ihre Rolle als Stellvertreter Gottes mit großer weltlicher Macht. Im Mittelalter und bis zur Mitte des 17. Jahrhunderts herrschte in Europa das »Göttliche Recht der Könige«, wonach die Könige das Recht zu herrschen von Gott erhielten und deshalb nur gegenüber Gott verantwortlich waren. Die chinesischen Kaiser regierten mit dem Mandat des Himmels, das entzogen werden konnte, wenn ein Kaiser sich als zu grausam erwies, und dann auf einen verdienteren Kandidaten übertragen wurde.

3-SEKUNDEN-PAROLE
Wenn Gott auf unserer Seite ist, wer kann dann noch gegen uns sein?

3-MINUTEN-MANIFEST
Der Begriff »Theokratie« stammt von Flavius Josephus (38–100 n. Chr.) und galt speziell der alten israelitischen Verfassung, die auf dem Konzept basiert, Gottes Gesetz sei in Steintafeln geritzt an Moses übergeben worden. Während die wörtliche Übersetzung »Herrschaft Gottes« noch leicht verständlich ist, bräuchte es für eine Besprechung der in der Praxis bestehenden Verwicklungen von Säkularem und Geistlichem ein Buch vom Umfang der Bibel.

VERWANDTE THEORIEN
MONARCHIE
Seite 14

OLIGARCHIE
Seite 22

AUTORITARISMUS
Seite 28

3-SEKUNDEN-BIOGRAFIEN
ALI CHAMENE'I
*1939
Oberster Führer der Islamischen Republik Iran

PAPST BENEDIKT XVI.
*1927
Ehemaliges Staatsoberhaupt des Vatikan

MULLAH MOHAMMED OMAR
1960–2013
Anführer der Taliban und Herrscher in Afghanistan von 1996 bis 2001

30-SEKUNDEN-TEXT
STEVEN L. TAYLOR

»*Der Begriff Theokratie war schon immer ein Synonym für eine trostlose und begrenzte, wenn nicht gar brutale und blutbefleckte Tyrannei.*«
WILLIAM ARCHER

HERRSCHAFT VON VIELEN

HERRSCHAFT VON VIELEN
GLOSSAR

Freier Markt Marktwirtschaft, in der es keine staatlichen Interventionen in Form von Regulierungen oder Subventionen gibt. In einem freien Markt wird der Preis allein durch Angebot und Nachfrage geregelt.

Koalition Regierung in einer parlamentarischen Demokratie aus zwei oder mehreren politischen Parteien. Wenn im Parlament keine Partei eine Mehrheit hat, ist die Gesetzgebung unsicher, weshalb die Partei mit der größten Anzahl von gewählten Vertretern zusammen mit einer anderen Partei eine Mehrheitsregierung bildet.

laissez-faire (Französisch »lasst gewähren«) Begriff aus der Wirtschaft für einen Markt, der frei von staatlichen Eingriffen ist. Der Ausdruck stammt aus dem späten 17. Jahrhundert, wurde aber erst Mitte des 19. Jahrhunderts von Ökonomen aufgenommen und verbreitet. Siehe auch *Freier Markt*.

Legislative Für die staatliche oder nationale Gesetzgebung verantwortliche Obrigkeit. Eine Gesetzgebung ist eine Sammlung von Gesetzen und Verordnungen, die alle Aspekte des täglichen Lebens regelt, vom Strafrecht bis zu Gesundheits- und Sicherheitsverordnungen, von der Schulpflicht bis zu Steuererhöhungen. Die Legislative in den Vereinigten Staaten ist der Kongress, in Deutschland und den meisten Ländern Europas das Parlament.

Mehrheitsfraktion James Madison verwendete diesen Begriff in seinem Buch *The Federalist Papers*, in dem er davor warnt, dass eine Mehrheitsregierung den Rechteverlust von kleineren Fraktionen und Einzelpersonen zur Folge habe. Laut Madison würde eine große Republik (mit der er eine nationale repräsentative Demokratie meinte) die Rechte von Minderheiten besser schützen.

Mischwirtschaft Wirtschaftsform, in der es sowohl regulierte als auch deregulierte Elemente gibt. Auch wenn die meisten Industrieländer in Hinblick auf freien Warenverkehr, Arbeit und so weiter einen freien Markt anstreben, betreiben sie gleichzeitig auch eine Form von staatlicher Intervention, etwa durch Subventionen von Eisenbahn- oder Fluggesellschaften oder durch Wohlfahrtsmaßnahmen.

Paternalismus Politisches System, in dem die Regierung die Rechte Einzelner unter dem Vorwand beschneidet, ihnen Schutz zu gewähren oder sie auf andere Weise zu begünstigen. Während Regierungen argumentieren, bestimmte Maßnahmen wie die Helm- oder die Anschnallpflicht bewahrten die Menschen davor, sich selbst zu schaden, sehen Kritiker dies als Angriff auf die persönliche Freiheit.

Positive Freiheit Mit dem Liberalismus des 20. Jahrhunderts assoziierte Idee einer proaktiveren Regierung, die sozioökonomische Probleme bekämpft und den Menschen so zu mehr wirtschaftlicher Unabhängigkeit und Selbstverwirklichung verhilft.

Privatisierung Übertragung von öffentlichem Vermögen, Dienstleistungen oder Verwaltungen auf den privaten Sektor. Regionale wie nationale Regierungen neigen zu Privatisierungen, entweder als Einkommensquelle, um Kosten zu senken oder um kostengünstigere Leistungen durch freien Wettbewerb zu schaffen. In den 1980er-Jahren privatisierten die Regierungen der Vereinigten Staaten und Großbritanniens im Rahmen der Austeritätspolitik große Teile der nationalen Vermögenswerte, während nach dem Zusammenbruch der Sowjetunion in den 1990er-Jahren in Russland und Osteuropa viele große Staatsbetriebe privatisiert wurden.

Redefreiheit Das Recht zu sagen, was man will, ohne Angst vor Repressalien haben zu müssen. Das bedeutet auch, dass man in schriftlicher oder gesprochener Form alles veröffentlichen oder verbreiten darf, was man will, etwa in Zeitung, Radio, Fernsehen und Internet. In seinem Werk *Über die Freiheit* argumentiert John Stuart Mill, die Redefreiheit solle nur dann eingeschränkt werden, »wenn andere vor Schaden geschützt werden müssen«. Dieser Widerspruch hat unzählige Debatten über das Recht des Einzelnen entzündet.

ANARCHISMUS

30 Sekunden Politik

VERWANDTE THEORIEN

PRÄTORIANISMUS
Seite 48

ANARCHOSYNDIKALISMUS
Seite 112

3-SEKUNDEN-BIOGRAFIEN

PIERRE-JOSEPH PROUDHON
1809–1865
Französischer Denker, auf den möglicherweise die Bezeichnung »Anarchist« zurückgeht

MIKHAIL A. BAKUNIN
1814–1876
Russischer Revolutionär, der den kollektiven Anarchismus propagierte

ROBERT PAUL WOLFF
*1933
US-amerikanischer Vertreter des »philosophischen Anarchismus«

30-SEKUNDEN-TEXT
MICHAEL E. BAILEY

3-SEKUNDEN-PAROLE
Anarchismus ist keine kohärente Philosophie, sondern eine wilde Mischung politischer Überzeugungen, die allein bei den Punkten Anti-Autorität, Anti-Staat und Anti-Zwang zusammenfinden.

3-MINUTEN-MANIFEST
Anarchisten zu widerlegen ist ein schwieriges Unterfangen. Die USA und Großbritannien waren stark von der Sozialvertragstheorie beeinflusst, nach der Regierungen ihre Autorität von der Zustimmung der Regierten ableiten. Im 18. Jahrhundert spottete der Philosoph David Hume, die wenigsten hätten je die Möglichkeit gehabt, ihrer Regierung zuzustimmen (oder sie abzulehnen). Stattdessen begründete er die Legitimität der Regierung durch die Tatsache, dass eine Zivilisation ohne Regierung – ob demokratisch oder nicht – zusammenbräche.

Ein Gedankenexperiment: Stellen Sie sich einen Fremden vor, einen Dieb, der bewaffnet vor Ihrer Tür steht und Sie bedrängt, ihm eine große Summe Geld auszuhändigen. Und jetzt stellen Sie sich vor, dass dieser Fremde ein glänzendes silbernes Abzeichen mit der Aufschrift »Regierung« trägt. Legitimiert dieses Abzeichen seine Forderung in irgendeiner Weise? Nehmen Sie weiter an, der Fremde bezeugt, dass er von einer Mehrheit der Leute in Ihrer Nachbarschaft angeheuert wurde, um gewaltsam Geld für Verbesserungen in der Nachbarschaft einzutreiben. Sind Sie jetzt ethisch dazu verpflichtet (und nicht einfach verängstigt), das Geld auszuhändigen? Wenn Sie denken Nein, dann sind Sie anarchistischer, als Sie vielleicht dachten. Der Staat übt Zwang aus: Er droht Gewalt an, um seine Autorität zu wahren und die Einhaltung der Gesetze sicherzustellen. Anarchisten glauben aber, dass es keine Legitimierung für staatlichen Zwang gibt. Was Anarchisten sonst noch glauben, variiert extrem. Einige glauben an kollektives soziales Handeln – vorausgesetzt es ist freiwillig. Andere glauben, dass wirklich freie Individuen völlig frei von ungewünschten sozialen Zwängen sein sollten. Und wieder andere glauben, dass schützenswertes Eigentum verboten gehöre. Anarchistische Bewegungen gibt es seit dem 19. Jahrhundert überall auf der Welt, sie fanden aber nie sonderlich großen Anklang.

»Die beste Regierung ist die, welche gar nicht regiert.«

HENRY DAVID THOREAU

REPRÄSENTATIVE DEMOKRATIE

30 Sekunden Politik

Der Grundgedanke hinter der

Demokratie lautet, dass ein Volk sich selbst regiert. Das Problem dabei ist, dass echte Selbstregierung, bei der die Bürger wirklich an den täglichen Regierungsgeschäften teilnehmen, praktisch unmöglich ist. Während sich in sehr kleinen Gesellschaften theoretisch alle Mitglieder an der Regierung beteiligen können, wird dies unmöglich, sobald eine Gesellschaft die Größe eines Landes erreicht. Selbst in Island, das sowohl geografisch als auch von der Bevölkerungszahl (ca. 310 000 Einwohner) betrachtet eher klein ist, gibt es immer noch große Hindernisse für eine effektive Selbstregierung. Wo könnten alle Bürger zusammentreffen? Wie würden sie Zeit für die Regierungsbeteiligung finden? Wie könnten sie Zeit für eine angemessene Debatte haben, wenn jedem auch nur ein paar Minuten zugestanden werden? Diese Probleme werden für größere Demokratien wie die Vereinigten Staaten mit über 300 Millionen Einwohnern oder Indien mit über einer Milliarde noch augenfälliger. Folglich hat sich die moderne demokratische Regierungsform zu einem System entwickelt, in dem das Volk in Wahlen Politiker bestimmt, die seine Interessen vertreten. Diese legen regelmäßig ihren Wählern gegenüber Rechenschaft ab, da sie vor das Volk treten und um eine Wiederwahl werben müssen.

3-SEKUNDEN-BIOGRAFIEN
JAMES MADISON
1751–1836
Politiktheoretiker und Architekt der US-amerikanischen Verfassung

JOHN STUART MILL
1806–1873
Politiktheoretiker und Fürsprecher der repräsentativen Demokratie

30-SEKUNDEN-TEXT
STEVEN L. TAYLOR

»Das Recht auf die Wahl eines Stellvertreters ist das oberste Recht, durch das andere Rechte geschützt werden.«
THOMAS PAINE

MEHRHEITSPRINZIP

30 Sekunden Politik

Oberflächlich betrachtet ist das Mehrheitsprinzip ungemein attraktiv, weil es den fundamentalen Wert der Demokratie widerspiegelt. Wenn die Mehrheit im Volk etwas will, scheint es sinnvoll, dass die Regierung dies so umsetzt. Doch das Mehrheitsprinzip steht oft im Konflikt mit der Überzeugung, dass die Rechte politischer, religiöser oder ethnischer Minderheiten geschützt werden sollten. Eine der bekanntesten Abhandlungen über diese Sorge ist James Madisons *The Federalist Papers*, in dem er argumentiert, die »Mehrheitsfraktion« sei die gefährlichste Bedrohung für die repräsentative Demokratie. Zum Beispiel zeige die Erfahrung der Afroamerikaner in der Zeit nach dem Bürgerkrieg hinreichend und allem voran in den Südstaaten, was passieren kann, wenn eine Mehrheit entschlossen ist, einer Minderheit den Status einer Staatsbürgerschaft zweiter Klasse zu verpassen. Nichtsdestotrotz bleibt der Reiz des Mehrheitsprinzips erhalten, und zumindest die Seite, die in einer Auseinandersetzung die Mehrheit stellt, wird sich oft darauf beziehen – als moralisch überzeugende Erklärung, warum ihre Position sich durchsetzen sollte.

3-SEKUNDEN-PAROLE
Die Regierung sollte bei jeder Frage immer die Position der Mehrheit vertreten.

3-MINUTEN-MANIFEST
Das Mehrheitsprinzip kann problematisch sein, weil die Öffentlichkeit oft widersprüchliche Meinungen vertritt. Zum Beispiel glauben die Bürger in vielen demokratischen Ländern an den Wert der Meinungsfreiheit, sprechen sie ungeliebten und extremistischen Gruppen aber ab. Zum Beispiel sind in einigen europäischen Ländern neonazistische oder kommunistische Organisationen verboten. Eine Bürgermehrheit kann auch Ideen vertreten, die politisch oder wirtschaftlich undurchführbar sind, etwa wenn sie sich für Steuersenkungen und gleichzeitig für die Erhöhung der Staatsausgaben ausspricht.

VERWANDTE THEORIEN

DEMOKRATIE
Seite 24

VOLKSSOUVERÄNITÄT
Seite 26

REPRÄSENTATIVE DEMOKRATIE
Seite 58

3-SEKUNDEN-BIOGRAFIEN
ALEXIS DE TOCQUEVILLE
1805–1859
Französischer Aristokrat, auf den der Ausdruck »Tyrannei der Mehrheit« zurückgeht

STEPHEN A. DOUGLAS
1813–1861
US-amerikanischer Senator, der vorschlug, neue Staaten sollten per Volksabstimmung selbst entscheiden, ob sie »freie« oder »versklavte« Staaten sein wollen

30-SEKUNDEN-TEXT
CHRISTOPHER N. LAWRENCE

»Entscheidung durch Majorität ist ein Notbehelf, ebenso wie Beleuchtung durch Gas.«
WILLIAM EWART GLADSTONE

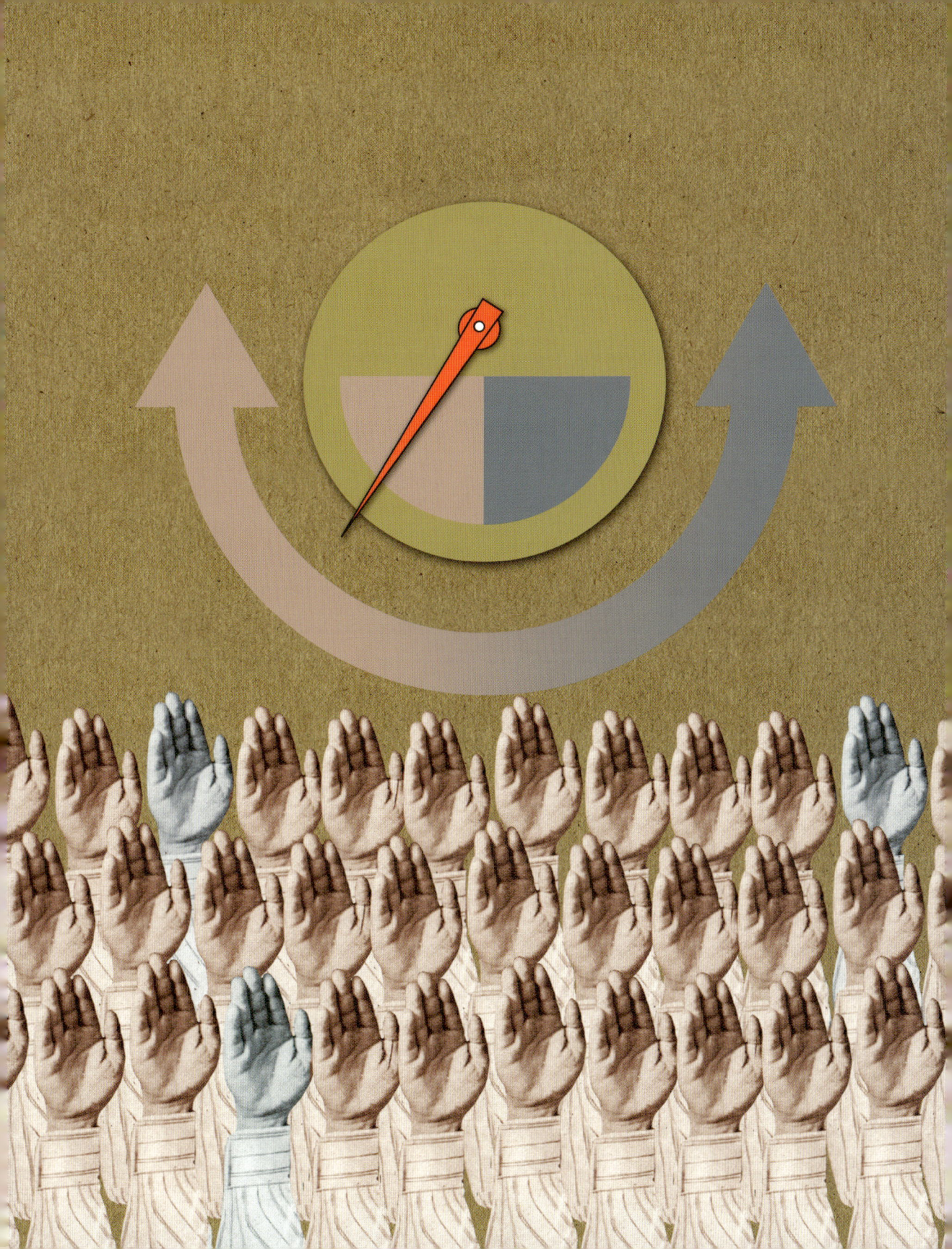

VERHÄLTNIS-WAHLSYSTEM

30 Sekunden Politik

Wenn Regierungen gewählt werden, kommen in der Regel zwei Arten von Wahlsystemen zum Einsatz. Eines folgt dem Mehrheitsprinzip und wird in den Vereinigten Staaten und in Großbritannien benutzt, wo in einem Wahlbezirk einzelne Kandidaten um einen Platz im Parlament konkurrieren. Das andere ist das Verhältniswahlsystem, bei dem Parteien in Bezirken mit mehreren zu verteilenden Parlamentssitzen miteinander konkurrieren, folglich mehrere Parlamentarier aus diesem Bezirk gewählt werden. Die Grundidee des Verhältniswahlsystems ist, dass jede Partei etwa den gleichen Prozentsatz der Parlamentssitze erhält, wie sie bei der Wahl Stimmen gewonnen hat – mit anderen Worten, wenn Partei X mit 20 Prozent der Stimmen gewählt wurde, bekommt sie 20 Prozent der Sitze. In der Realität folgt die Sitzverteilung nicht exakt diesem Schema, denn eine Vielzahl von Faktoren müssen berücksichtigt werden, um das Sitzverhältnis zu bestimmen, etwa die genaue Methode der Umrechnung von Stimmanteilen in Sitze, die Anzahl der pro Wahlbezirk vergebenen Sitze sowie andere strukturelle und rechtliche Faktoren.

»... zu deren (der Demokratie) erstem Prinzip der zahlenmäßig proportionierten Repräsentation.«
JOHN STUART MILL

KLASSISCHER LIBERALISMUS

30 Sekunden Politik

Macht versus Freiheit. Regierung versus Individuum. Im Zentrum des klassischen Liberalismus, einer politischen Philosophie, die im späten 18. Jahrhundert in England, Frankreich und den Vereinigten Staaten aufkam, steht die Begrenzung der Regierungsmacht, damit jeder seinen ökonomischen Interessen frei nachgehen kann. Der klassische Liberalismus verfolgt die Werte Rechtsstaatlichkeit, Individualrechte, Gewaltenteilung und wechselseitige Kontrolle, die im 18. Jahrhundert in England und den Vereinigten Staaten propagiert wurden, und gibt gleichzeitig der Laissez-faire-Ökonomie neue Impulse. Einige klassische Liberale waren mit Blick auf die Zukunft der Gesellschaft extrem pessimistisch, während für andere der soziale Fortschritt zum Credo wurde, doch Pessimisten wie Optimisten verband die Ansicht, dass das Gute in einer Gesellschaft durch übermäßige Regulierung gefährdet sei. Wie ein Lehrer, der seine Schüler in Hilflosigkeit schult, indem er ihnen die Antworten vorgibt, schaden die weiterreichenden paternalistischen Bemühungen der Regierung den Bürgern eher, als ihnen zu helfen. Zunächst in England und später in den Vereinigten Staaten dienten die Lehren des klassischen Liberalismus dazu, Leid und Elend, die mit der Industrialisierung einhergingen, als notwendiges Übel zu rationalisieren.

Fest steht, »dass alle Menschen gleich geboren und von ihrem Schöpfer mit gewissen unveräußerlichen Rechten begabt sind, dass zu diesem Leben Freiheit und das Streben nach Glückseligkeit gehören.«
THOMAS JEFFERSON

1632
Geboren in Somerset,
Großbritannien

1652
Besucht die Universität
Oxford

1667
Angestellter von
Lord Cooper, 1. Earl of
Shaftesbury

1675
Rundreise durch
Frankreich

1679
Rückkehr nach England;
verfasst den Großteil von
*Zwei Abhandlungen über
die Regierung*

1689
Erstveröffentlichung *von
Eine Abhandlung über
den menschlichen
Verstand*

1690
Erstveröffentlichung von
*Zwei Abhandlungen über
die Regierung*

1693
Veröffentlicht die
Abhandlung *Gedanken
über Erziehung*

1704
Stirbt in Essex,
Großbritannien

JOHN LOCKE

Von den vielen berühmten
Persönlichkeiten der Aufklärung können wenn
überhaupt nur wenige von sich behaupten,
das moderne politische Denken so beeinflusst
zu haben wie John Locke. Locke war einer der
Ersten, die das Konzept der absoluten Autorität
infrage stellten und die Beziehung zwischen Individuum und Staat untersuchten.

1647, im Alter von 15 Jahren, besuchte Locke
die Westminster School in London. Ab 1652
studierte er an der Universität Oxford im Rahmen
einer sonst eher klassischen Ausbildung Medizin,
aber auch die Werke der damals modernen Philosophen, allen voran René Descartes. Descartes'
Ideen sollten Locke auf seinen eigenen Weg zum
Empirismus bringen. So argumentierte er, dass
wir nicht mit eigenem Wissen geboren werden,
sondern eher als leere Schreibtafeln (*tabula
rasa*), und dass wir unser Wissen im Laufe der
Zeit durch Erfahrungen und Wahrnehmungen
sammeln – Ideen, die er in seinem 1690 ver-
öffentlichten philosophischen Werk *Eine Abhandlung über den menschlichen Verstand* voll
zum Ausdruck bringt.

In Oxford machte John Locke die Bekannt-
schaft von Lord Cooper, dem 1. Earl of
Shaftesbury und Schatzkanzler. Locke war
Shhafteburys Leibarzt, doch der Posten als
Sekretär des neu gegründeten *Board of Trade
and Plantations* weckte Lockes Interesse an in-
ternationalem Handel und verschaffte ihm Ein-
blicke in Wirtschaft und Politik im Allgemeinen.

Zu politischen Fragen äußerte sich Locke
jedoch erst 1689 in seinem Werk *Zwei Abhandlungen über die Regierung*. Die erste ist ein
Angriff auf das Göttliche Recht der Könige und
die absolute Monarchie, in der zweiten befasst
sich Locke mit einer guten Regierungsführung,
basierend auf dem Konzept eines »Sozialvertrags« – im Tausch gegen die Abtretung bestimmter Rechte an den Staat können die Bürger
erwarten, dass man sie schützt und fair regiert,
und dass sie ihr natürliches Recht auf »Leben,
Freiheit, Gesundheit und Eigentum« verfolgen
dürfen. Es war diese politische Theorie, die den
klassischen Liberalismus begründete und später
in der Unabhängigkeitserklärung der Vereinigten
Staaten so kraftvoll zum Ausdruck kam.

KONSERVATISMUS

30 Sekunden Politik

VERWANDTE THEORIEN

KLASSISCHER LIBERALISMUS
Seite 64

NEOKONSERVATISMUS
Seite 144

3-SEKUNDEN-BIOGRAFIEN
EDMUND BURKE
1729–1797
Gilt weithin als »Vater des Konservatismus«

RONALD REAGAN
1911–2004
Ikonischer konservativer US-Präsident

MARGARET THATCHER
1925–2013
Einflussreiche konservative britische Premierministerin

30-SEKUNDEN-TEXT
MICHAEL E. BAILEY

3-SEKUNDEN-PAROLE
Der Konservatismus ist eine politische und soziale Philosophie, die Tradition und Establishment vertritt und behauptet, die Gesellschaft komme am besten voran, wenn sie sich an der Vergangenheit orientiere.

3-MINUTEN-MANIFEST
Manchmal vereinnahmen Konservative die Leistungen früherer Reformer, sobald diese die politische Bühne verlassen haben. Für Konservative können progressive Liberale oder Reformer von heute die Helden von morgen werden, wenn sich ihre Neuerungen als vorteilhaft herausstellen. In den USA und Großbritannien sperrten sich Konservative gegen die Ausweitung des Wahlrechts auf Besitzlose, Frauen und Minderheiten; heute feiern sie das allgemeine Wahlrecht als Zeichen konservativer Gerechtigkeit und des Engagements für die Demokratie.

Konservatismus lässt sich nicht in politischen Prinzipien zusammenfassen, da die Anliegen der Konservativen von Ära zu Ära, von Nation zu Nation deutlich variieren. Blättern Sie in einem Geschichtsbuch, und Sie werden schnell sowohl libertären Konservativen begegnen als auch Exponenten, die einen starken Staat befürworten, internationalistischen und isolationistischen oder auch Vertretern, die gleichermaßen demokratisch und aristokratisch sind. Was den Konservatismus als schlüssigen Politikansatz zusammenhält, ist eine Reihe von Überzeugungen und Einstellungen in Bezug auf Mensch und Gesellschaft. Die meisten Konservativen sind überzeugt, dass die Menschen ein unveränderliches Wesen haben, das politischen Anstrengungen erschwert, die Gesellschaft zu erneuern. Sie gehen oft davon aus, dass politische Revolutionäre an der Umsetzung ihrer Konzepte scheitern müssen, oft auf Kosten ihres Lebens und der individuellen Freiheit. Sie glauben, ordentliche und lebenswerte Zivilisationen seien kaum zu etablieren und überaus anfällig, der Erhalt der Gesellschaft erfordere Gesetz und Ordnung, die Anerkennung der Ungleichheit von Talenten und Autoritäten sei hinzunehmen, Religion und Anstand seien zu fördern, Familie und traditionelle soziale Gruppen zu verteidigen und die Vaterlandsliebe uneingeschränkt zu fördern.

»Was bedeutet konservativ? Bedeutet das nicht, dem Alten und Erprobten anzuhängen, gegen das Neue und Unerprobte?«

ABRAHAM LINCOLN

LIBERALISMUS

30 Sekunden Politik

Liberalismus ist die politische

Lehre von individueller Freiheit, Sicherheit und Gleichberechtigung. Tatsächlich herrscht zwischen diesen drei Komponenten, die ein scheinbar harmonisches Dreieck aus kompatiblen Ideen bilden, eine große Spannung, und der liberale Gedanke kämpft ständig mit der Frage, wie jeder dieser Werte richtig zu gewichten sei. In den Ausprägungen des 18. Jahrhunderts, etwa in der Frühzeit der Vereinigten Staaten, hatte individuelle Freiheit oberste Priorität vor Gleichberechtigung und Sicherheit – mit Ausnahme direkter Rechtsverletzungen. Im 20. Jahrhundert bemerkten die Liberalen allmählich, dass sich wahre Freiheit nicht von Sicherheit oder gleichen Aufstiegsmöglichkeiten für alle trennen lässt. Viele Liberale befürworteten nun die Idee der positiven Freiheit, die durch zahlreiche Maßnahmen wie öffentliche Bildung darauf abzielt, Bürger mit Fähigkeiten auszustatten, die eine bessere Lebensplanung ermöglichen. Entsprechende Schritte könnten für mehr persönliche Freiheit sorgen, indem sie beispielsweise mehr Sicherheit garantieren. Auch begannen die Liberalen, die Zusammenhänge in einer Gesellschaft hervorzuheben und zu zeigen, wie Einzelne zu Schaden kommen, wenn Wirtschaftssysteme zu massiver Ungleichheit, Armut und gefährlichen Arbeitsbedingungen führen.

3-SEKUNDEN-PAROLE
Jeder Mensch wird frei und mit den gleichen Rechten geboren; es ist Aufgabe der Regierung sicherzustellen, dass dies so bleibt.

3-MINUTEN-MANIFEST
Die gute Nachricht lautet: Alle Menschen werden frei und gleich geboren, und die Welt steht ihnen offen. Die schlechte Nachricht ist, dass Freiheit und Gleichheit – ja das gesamte Wohl – stets bedroht werden, nicht nur von anderen Menschen, sondern auch von Naturkatastrophen, Umweltverschmutzung, wirtschaftlichen Faktoren und sozialen Systemen. Sicherheit für jeden Einzelnen erfordert eine Regulierung immer weiterer Teile des Soziallebens. Weil moderne Regierungsformen alle Bürger schützen, sind diese isoliert und politisch ohnmächtig..

VERWANDTE THEORIEN

KLASSISCHER LIBERALISMUS
Seite 64

KEYNESIANISMUS
Seite 124

NEOLIBERALISMUS
Seite 128

3-SEKUNDEN-BIOGRAFIEN
FRANKLIN D. ROOSEVELT
1882–1945
US-amerikanischer Präsident und Vertreter des Wohlfahrtsstaats

JOHN MAYNARD KEYNES
1883–1946
Englischer Ökonom

JOHN RAWLS
1921–2002
US-amerikanischer politischer Philosoph

30-SEKUNDEN-TEXT
MICHAEL E. BAILEY

»Es kann keine wahre individuelle Freiheit ohne wirtschaftliche Sicherheit und Unabhängigkeit geben. Menschen, die Not leiden, sind nicht frei.«
FRANKLIN D. ROOSEVELT

LIBERTARISMUS

30 Sekunden Politik

VERWANDTE THEORIEN

KLASSISCHER LIBERALISMUS
Seite 64

KONSERVATISMUS
Seite 68

KAPITALISMUS
Seite 118

3-SEKUNDEN-PAROLE
Der Libertarismus ist das politische Credo von weniger ist mehr – die beste Regierung ist diejenige, die sehr wenig regiert.

3-MINUTEN-MANIFEST
Im Wesentlichen ist das libertäre Freiheitsverständnis »in Ruhe gelassen zu werden« – also sagen und anbeten zu dürfen, was bzw. wen man will. Aber selbst wenn man seine Ruhe hat, gibt einem das nicht immer eine sinnvolle Wahl. Die Freiheit, an Land schwimmen zu dürfen, ist bedeutungslos, wenn man sich auf einem Boot mitten auf dem Meer befindet. Kritiker der Libertären wenden ein, dass die positive Freiheit, also die Möglichkeit, sein Potenzial voll ausschöpfen zu dürfen, Regierungsprogramme unabdingbar mache, etwa für Bildung, Gesundheit und Schutz vor Umweltzerstörung.

Stellen Sie sich vor, auf der Straße spricht Sie ein Fremder an, der Ihr Leben grundlegend verbessern will. Sie lehnen ab, aber der Fremde bleibt hartnäckig und behauptet, er könne Ihnen bei der Finanzplanung, der Kindererziehung, der Absicherung Ihres Arbeitsplatzes und sogar in Religionsfragen helfen. Sofort sehen Sie in diesem Mann eine Bedrohung, und Sie wundern sich, warum er glaubt, er könne Ihre Angelegenheiten besser regeln als Sie selbst. Libertäre betrachten weitreichende staatliche Steuerung, wie gut auch die Absichten sein mögen, so wie wir diesen Fremden – als Angriff auf die persönliche Integrität und Freiheit. Libertäre sind keine Anarchisten, denn für sie hat die Regierung eine notwendige und wichtige, wenn auch begrenzte Funktion. Obwohl es keine zwei Libertäre mit genau der gleichen Meinung gibt (das ist u. a. das Schöne am Libertarismus), finden praktisch alle, die Regierung solle sich strikt darauf begrenzen, Freiheit, Eigentum und Leben der Bürger zu schützen und Kriminelle zu bestrafen. Kurzum, der Zweck der Regierung ist der Schutz der Bürgerrechte. Der moderne Libertarismus macht sich für die freie Marktwirtschaft stark. Die Libertären glauben, dass die Gesellschaft gedeiht, wenn die Bürger ihren eigenen Interessen folgen und Verträge mit anderen freien Bürgern schließen dürfen.

3-SEKUNDEN-BIOGRAFIEN
JOHN STUART MILL
1806–1873
Namhafter Philosoph, der für individuelle Freiheit eintrat

FRIEDRICH HAYEK
1899–1992
Einflussreicher österreichischer Ökonom, der staatliche Eingriffe kritisierte

MILTON FRIEDMAN
1912–2006
Äußerst einflussreicher US-amerikanischer Ökonom

30-SEKUNDEN-TEXT
MICHAEL E. BAILEY

»Der Regierung Geld und Macht zu überlassen ist so, als überließe man Halbwüchsigen Whisky und Autoschlüssel.«

P. J. O'ROURKE

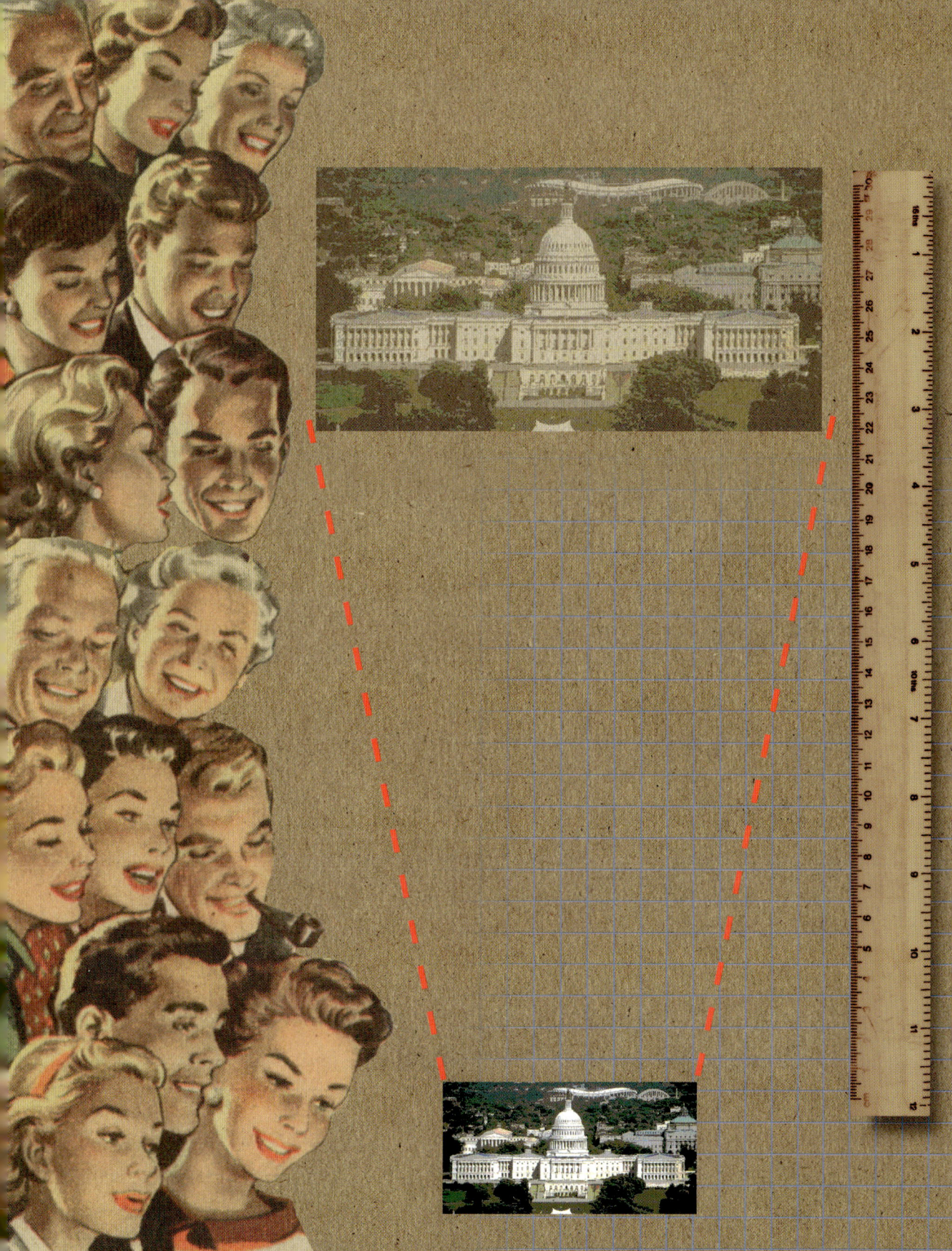

SOZIALDEMOKRATIE

30 Sekunden Politik

Sozialdemokratie ist eine Demokratie, die die Ideen der repräsentativen Demokratie mit einer teilweise oder umfassend sozialistischen Wirtschaftsordnung verbindet, in der die wichtigsten Wirtschaftsbereiche (wenn nicht alle) direkt oder indirekt staatlich kontrolliert werden. Nach dem Zweiten Weltkrieg war die Sozialdemokratie in Westeuropa (und in geringerem Maße auch in anderen demokratisch regierten Industrienationen wie Kanada und Japan) weit verbreitet. Sie galt als Kompromiss zwischen den kapitalistischen repräsentativen Demokratien in den Vereinigten Staaten und im Europa der Vorkriegszeit, und den kommunistischen autoritären und totalitären Regimen, die zeitgleich in Osteuropa und China errichtet wurden. Viele dieser Länder folgten dem Prinzip Wohlfahrtsstaat. Sie stellten die materiellen und gesundheitlichen Bedürfnisse aller Bürger zufrieden und verstaatlichten oder regulierten gleichzeitig große Wirtschaftsbereiche wie Banken, Transportwesen, industrielle Produktion und Bergbau. Doch Mitte der 1970er-Jahre bemerkten viele dieser Länder, dass das hohe Maß an Regulierung die Wettbewerbsfähigkeit ihrer Industrien und das nationale Wirtschaftswachstum unterminiert hatte, und begannen einen Privatisierungsprozess, um staatliche Wirtschaftsbeteiligungen zu reduzieren.

3-SEKUNDEN-PAROLE
Die Sozialdemokratie sieht eine starke Rolle des Staates bei der Umverteilung von Einkommen und Besitz vor.

3-MINUTEN-MANIFEST
Die meisten heutigen repräsentativen Demokratien pflegen eine Mischwirtschaft, bei der der Staat zumindest in einigen Wirtschaftszweigen eine Schlüsselrolle einnimmt, wenn auch in geringerem Maße als von den früheren Vertretern der Sozialdemokratie vorgesehen. Der Hauptunterschied zwischen kapitalistischen Demokratien wie den Vereinigten Staaten und Sozialdemokratien wie Schweden liegt in dem Maß, in dem die Regierung die ökonomische Umverteilung vorantreibt, in der Großzügigkeit des sozialen Netzes und in den Besitzverhältnissen bei zentralen Wirtschaftsakteuren.

VERWANDTE THEORIEN
DEMOKRATIE
Seite 24

KOMMUNISMUS
Seite 102

SOZIALISMUS
Seite 120

3-SEKUNDEN-BIOGRAFIEN
EDUARD BERNSTEIN
1850–1932
Deutscher Kritiker von Karl Marx, dem »Vater« der Sozialdemokratie

WILLIAM BEVERIDGE
1879–1963
Englischer Ökonom und Autor des »Beveridge Report«

30-SEKUNDEN-TEXT
CHRISTOPHER N. LAWRENCE

»Demokratie ist die Vorstufe des Sozialismus.«
WLADIMIR LENIN

ELEMENTE DER DEMOKRATIE

Kabinett Gruppe der führenden Regierungs-
vertreter. In einem parlamentarischen System
besteht das Kabinett aus Mitgliedern der
Legislative, die kollektiv und individuell für
die Gesetzgebung verantwortlich sind. Das
Kabinett trifft kollektive politische Entscheidungen, während die einzelnen Mitglieder, die Minister, für spezifische Ressorts
wie Gesundheit, Bildung oder Verkehr verantwortlich sind. In den meisten Präsidialsystemen haben die Kabinettsmitglieder eher
eine beratende Funktion und sind nicht an der
Gesetzgebung beteiligt.

Kanton Politische oder administrative Unter-
abteilung eines Landes. Kantone sind meist
kleiner und bevölkerungsärmer als andere
politische oder administrative Unterabteilungen
wie Bundesländer oder Provinzen.

Machtprivileg Vorrecht des Staatsober-
haupts, außerhalb des Gesetzes zu handeln.
Der Begriff stammt aus dem feudalen englischen Königsrecht, nach dem einem
Monarchen »unbestimmte Macht zukam, die
er für das öffentliche Wohl nutzen konnte«.
Damals wie heute wird das Machtprivileg
primär in Situationen einer Kriegsbedrohung
angewandt.

Parlamentarische Regierung Regierungssystem, in dem die Exekutivgewalt von aus-
gewählten Parlamentsmitgliedern ausgeübt
wird. Diese bilden ein Kabinett, das gegenüber
dem Parlament verantwortlich ist. Im Vergleich
zu Präsidialsystemen sind parlamentarische
Systeme eher kollektiv, Kritiker verweisen aber
auf die fehlende Gewaltenteilung zwischen
Exekutive und Legislative.

Präsidialregierung Regierungssystem, in dem die gesamte Exekutivgewalt abgetrennt von Legislative und Judikative beim Präsidenten liegt. Der Präsident ist also nicht an der Gesetzgebung beteiligt, besitzt aber ein Vetorecht. Anders als der Regierungschef in einem parlamentarischen System wird der Präsident für eine festgelegte Amtsperiode direkt vom Volk gewählt.

Premierminister In einigen parlamentarischen Systemen die Bezeichnung des Regierungschefs. Im Gegensatz zu einem Präsidenten ist ein Premierminister nicht das Staatsoberhaupt, dessen Funktion in den meisten parlamentarischen Systemen nur zeremonieller Natur ist. Des Weiteren wird ein Ministerpräsident nicht direkt vom Volk gewählt, sondern der Posten fällt dem Anführer jener politischen Partei zu, die bei Parlamentswahlen an die Macht gewählt wurde.

Staatsoberhaupt Oberster Vertreter eines Landes. Die Funktion des Staatsoberhauptes beruht auf der spezifischen Verfassung eines Landes. Zum Beispiel verrichtet der Monarch einer konstitutionellen Monarchie, obwohl Staatsoberhaupt, hauptsächlich zeremonielle Pflichten, ebenso der Präsident der meisten parlamentarischen Republiken. Doch in den meisten Präsidialsystemen ist der Präsident sowohl Regierungschef als auch Staatsoberhaupt und besitzt besondere Exekutivkompetenz.

Vertrauensverlust In einem parlamentarischen System kann die Opposition der Regierung das Vertrauen absprechen und im Parlament eine Vertrauensabstimmung beantragen. Wenn das Parlament der Regierung das Vertrauen abspricht, muss diese entweder zurücktreten oder Neuwahlen ausrufen.

LEGISLATIVE

30 Sekunden Politik

Die Legislative ist die Staats-

gewalt, die Gesetze und Verordnungen erlässt, verändert oder abschafft, die eine Gesellschaft zu regieren helfen. Die meisten Menschen verbinden die Legislative, den Gesetzgeber, mit einem Parlament oder einer anderen Institution; in der Praxis aber können seitens der Verfassung und per Gesetz Teile der Gesetzgebung an die Exekutive delegiert werden, etwa als Befugnis eines Präsidenten, Dekrete oder Verfügungen zu erlassen, oder als Erlaubnis gegenüber einem Regierungschef, dem Staatsoberhaupt die Ausübung seines Machtprivilegs zu empfehlen; oder als Übertragung der Gesetzgebung an Beamte. Während die Legislative bei der Gesetzgebung normalerweise die weitestreichende Befugnis hat (in einer parlamentarischen Demokratie theoretisch unbegrenzt), können Erlasse, Rechtsverordnungen und ähnliche von Beamten, Präsidenten und Regierungschefs erlassene Bestimmungen die gleiche Rechtskraft haben. Auch wirken Gerichtsbeschlüsse manchmal eher wie Gesetze als wie deren Auslegung. Die Legislative kann sogar vom Volk selbst ausgeübt werden, wenn Bürger in einer Volksinitiative oder einem Referendum abstimmen oder sich als gesetzgebende Körperschaft versammeln, wie dies in der Schweiz der Fall ist.

3-SEKUNDEN-PAROLE
Regierungsautorität für die Verabschiedung von Gesetzen und anderen Regulierungen.

3-MINUTEN-MANIFEST
Auch dort, wo eine eindeutige Gewaltenteilung vorgesehen ist, kann die Einführung von Checks and Balances, also eines Systems der wechselseitigen Kontrolle, Mitgliedern der Exekutive eine wichtige gesetzgebende Rolle zukommen lassen. Zum Beispiel kann der Präsident der Vereinigten Staaten durch ein Veto ein vom Kongress vorgeschlagenes Gesetz stoppen. Wenn auch mit begrenzten Befugnissen, so ist der Vizepräsident sowohl ein Vertreter der Exekutive als auch der Vorsitzende des Senats.

VERWANDTE THEORIEN

EXEKUTIVE
Seite 82

GEWALTENTEILUNG
Seite 86

WECHSELSEITIGE KONTROLLE
Seite 90

PARLAMENTARISCHE DEMOKRATIE
Seite 92

3-SEKUNDEN-BIOGRAFIEN
HEINRICH III.
1207–1272
Erster englischer König, der für die Erhöhung von Steuern ein Parlament einberief

JOSEPH G. CANNON
1836–1926
Sprecher des US-amerikanischen Repräsentantenhauses und berühmt für seine Kontrolle über die Kammer

30-SEKUNDEN-TEXT
CHRISTOPHER N. LAWRENCE

»Gesetze sind wie Würste. Man verliert den Respekt davor, wenn man weiß, wie sie gemacht werden.«
JOHN GODFREY SAXE

EXEKUTIVE

30 Sekunden Politik

Die Exekutive ist das Schlüssel-

element, das diese Staatsgewalt von anderen Autoritäten unterscheidet. Kirchen, Schulen oder Konzerne können (in freien Gesellschaften) selbst entscheiden, welche Ansprüche sie an die Gesellschaft stellen wollen, aber ohne Machtbefugnis haben diese kaum Bedeutung. Was eine Regierung zu einer Regierung macht, sind ihre Zwangsmittel, wodurch sie die Macht besitzt, dem Volk unter Androhung einer Freiheits-, Geld- oder sogar der Todesstrafe eine unfreiwillige Verhaltensweise aufzuzwingen – und es ist die Exekutive, die diese Macht ausübt. Es ist diese Befugnis, die den Verwaltungsapparat der Regierung funktionieren lässt, die Gesetze durchsetzt, Ordnung bewahrt und Kriege führt. Und es ist diese Macht, durch die eine Regierung entweder großartige Taten vollbringen oder schreckliches Leid bewirken kann. Ohne funktionierende Exekutive sind Legislative und Judikative wertlos. Nachdem der Oberste Gerichtshof der Vereinigten Staaten 1954 erklärt hatte, dass die Rassentrennung in den Schulen verfassungswidrig sei, setzten die Schulen in den Südstaaten das Urteil jahrelang nicht um. Erst als der Kongress die Exekutive drängte, die Umsetzung zu erzwingen, handelten die Schulen allmählich, und innerhalb weniger Jahre wurde in der überwiegenden Mehrheit der Schulen die Rassentrennung aufgehoben.

3-SEKUNDEN-PAROLE
Die Gewalt, die das Gesetz umsetzt.

3-MINUTEN-MANIFEST
Die Exekutive entstand aus der Monarchie, und eines der umstrittensten Vermächtnisse königlicher Macht ist das Machtprivileg, also die Macht der Exekutive, in Abwesenheit oder gar unter Missachtung geltenden Gesetzes im Sinne der Wahrung des nationalen Wohls zu handeln – zum Beispiel durch Entsenden von Truppen ohne offizielle Genehmigung der für Kriegserklärungen zuständigen staatlichen Institution. Diese nützliche, aber gefährliche Macht zu »zähmen«, ist eine Herausforderung für den Rechtsstaat, die wohl nie ganz gemeistert werden kann.

VERWANDTE THEORIEN
MONARCHIE
Seite 14

DESPOTIE
Seite 16

LEGISLATIVE
Seite 80

3-SEKUNDEN-BIOGRAFIEN
NICCOLO MACHIAVELLI
1469–1527
Italienischer politischer Philosoph, der sich mit dem Bedürfnis von Fürsten beschäftigte, lieber gefürchtet als geliebt zu werden

JOHN LOCKE
1632–1704
Siehe Seiten 66–67

ALEXANDER HAMILTON
1757–1804
US-amerikanischer Verfassungsdenker und Unterstützer einer starken Exekutive

30-SEKUNDEN-TEXT
MICHAEL E. BAILEY

»Dem Präsidenten steht es frei, in Gesetzes- wie in Gewissensfragen, ein so einflussreicher Mann zu sein, wie er nur kann.«

WOODROW WILSON

JUDIKATIVE

30 Sekunden Politik

Die Judikative ist die Autorität,

die über Schuld (oder Haftbarkeit) eines mutmaßlichen Gesetzesbrechers zu entscheiden hat und im Falle eines Schuldspruchs das Strafmaß festlegt. Historisch lagen über lange Zeit Judikative und Exekutive in einer Hand. War ein Herrscher von der Schuld eines Angeklagten überzeugt, legte er zugleich das Strafmaß fest. Doch durch steigende Bevölkerungszahlen wurden Judikative und Exekutive im Laufe der Zeit voneinander getrennt, zumal die Anzahl der Gerichtsfälle die Möglichkeiten eines einzelnen Herrschers überstieg. Meist sind Richter (entweder allein oder gemeinsam mit Geschworenen) für die Auslegung und Anwendung der Gesetze zuständig. Besonders in Ländern, deren Gesetze auf dem Code Napoléon basieren, etwa in Frankreich oder Italien, können Richter selbst Ermittlungen einleiten; in den meisten angelsächsischen Ländern gehören Ermittlungen allerdings in die Zuständigkeit der Exekutive oder einer anderen unabhängigen Obrigkeit. Die Judikative befasst sich sowohl mit Streitigkeiten zwischen Bürgern (oder zwischen Gruppen, etwa Unternehmen), in denen der Staat auf der Grundlage des bürgerlichen Rechts als Vermittler dient, als auch mit Fällen, in denen ein oder mehrere Bürger wegen eines Verbrechens strafrechtlich belangt werden.

3-SEKUNDEN-PAROLE
Obrigkeit, die vor Gericht die Gesetze auslegt und anwendet.

3-MINUTEN-MANIFEST
Historisch besaß auch die Legislative die Befugnis, mutmaßliche Verbrecher in sogenannten Parlamentsverurteilungen schuldig zu sprechen, also Personen oder Gruppen ohne Gerichtsverfahren oder Rekursanspruch (vielleicht außer einer Entschuldigung des Monarchen oder eines Regierungschefs) zu bestrafen. Heutzutage verzichten Demokratien auf solche Parlamentsverurteilungen.

VERWANDTE THEORIEN

LEGISLATIVE
Seite 80

EXEKUTIVE
Seite 82

GEWALTENTEILUNG
Seite 86

WECHSELSEITIGE KONTROLLE
Seite 90

3-SEKUNDEN-BIOGRAFIEN
JOHN MARSHALL
1755–1835
Präsident des Obersten Gerichtshofs der Vereinigten Staaten, der bei der Einführung des Prinzips der richterlichen Überprüfung mithalf

OLIVER WENDELL HOLMES, JR.
1841–1935
Berühmter Jurist und ehemaliger Richter am Obersten Gerichtshof der Vereinigten Staaten

30-SEKUNDEN-TEXT
CHRISTOPHER N. LAWRENCE

»Die Judikative ist die verfassungsgemäße Bewahrerin unserer Freiheit und unseres Eigentums.«

CHARLES E. HUGHES

GEWALTENTEILUNG

30 Sekunden Politik

3-SEKUNDEN-PAROLE
Legislative, Exekutive und
Judikative sind drei ver-
schiedene und unabhän-
gige *Institutionen*, und so
sollte es auch bleiben.

3-MINUTEN-MANIFEST
Gewaltenteilung ist kein
banales Prinzip, da Dis-
kussionen und Spannungen
zwischen ihren Teilen für
das politische System kon-
stitutiv sind. So sind sich
Politologen uneins darü-
ber, *was* genau getrennt
werden muss, wie weit die
Trennung gehen soll und
was für *Auswirkungen* sie
hat. Woodrow Wilson ver-
trat sogar den Standpunkt,
der Präsident als Kopf der
Exekutive sollte auch *legislative* Funktionen über-
nehmen. Die Verfassung
habe zwar unabhängige
politische Institutionen
vorgesehen, regiert aber
würde von den drei Ge-
walten gemeinsam.

Die Gewaltenteilung ist ein Modell für die Verteilung der Regierungsgewalt innerhalb einer Demokratie, bei dem sich legislative, exekutive und judikative Funktionen in verschiedenen Händen befinden. Oft steht es in Kontrast zu parlamentarischen Systemen, die legislative und exekutive Funktionen im Kabinett vereinen. Eine dem Modell Gewaltenteilung zugrunde liegende Idee ist in den Vereinigten Staaten ein Credo und lautet, dass die Konzentration von politischer Macht eine Bedrohung für die individuelle Freiheit darstellt. Wenn die Polizei, die das Gesetz durchsetzt (als Exekutive), auch Gesetze erlassen (als Legislative) und an Ort und Stelle Strafen aussprechen (als Judikative) könnte, was würde sie dann von Fehlverhalten abhalten? Nur ihr Gewissen – ein Gedanke, der Pessimisten wie Montesquieu und James Madison schaudern ließ. Im Kontext der Vereinigten Staaten waren es nicht die Personenrechte, die zu der Gewaltenteilung führten, sondern der Gedanke, die Föderalregierung zu stärken. Verglichen mit parlamentarischen Regierungen passen Präsidialregierungen besser in ein striktes Modell der Gewaltenteilung, auch wenn weltweit viele Nationen das Modell vor allem für die Judikative übernommen haben.

VERWANDTE THEORIEN

LEGISLATIVE
Seite 80

EXEKUTIVE
Seite 82

JUDIKATIVE
Seite 84

3-SEKUNDEN-BIOGRAFIEN
JOHN LOCKE
1632–1704
Siehe Seiten 66–67

BARON DE MONTESQUIEU
1689–1755
Siehe Seiten 88–89

JAMES MADISON
1751–1836
Wichtiger Architekt der US-
amerikanischen Verfassung und
vierter Präsident der Vereinigten
Staaten

30-SEKUNDEN-TEXT
MICHAEL E. BAILEY

»*Die Konzentration aller legislativen, exekutiven und judikativen Befugnisse in denselben Händen (...) kann zu Recht als wahre Definition der Tyrannei betrachtet werden.*«

JAMES MADISON

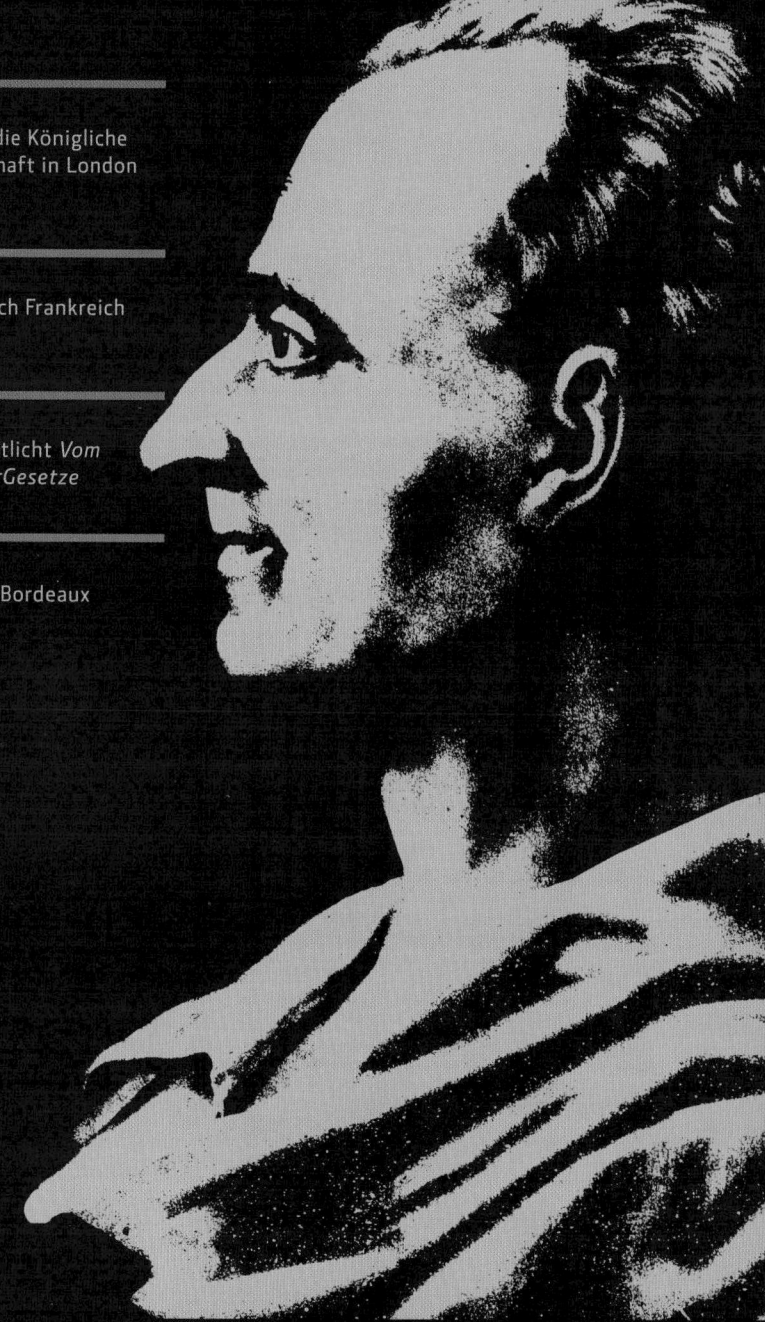

1689
Geboren in La Brède, Frankreich

1705
Studiert Rechtswissenschaften in Bordeaux

1715
Heiratet Jeanne de Latrigue

1716
Erbt den Titel Baron de La Brède et de Montesquieu und das Amt eines Gerichtspräsidenten von seinem Onkel

1721
Veröffentlicht das Werk *Persische Briefe*

1728
Verlässt Frankreich und geht auf Reisen

1730
Wird in die Königliche Gesellschaft in London gewählt

1732
Kehrt nach Frankreich zurück

1748
Veröffentlicht *Vom Geist derGesetze*

1755
Stirbt in Bordeaux

CHARLES-LOUIS DE SECONDAT, BARON DE MONTESQUIEU

Als Mann der Aufklärung,

dessen satirische Betrachtungen der Pariser Gesellschaft weithin Beachtung fanden, bleibt Charles-Louis de Secondat, Baron de Montesquieu als einflussreicher politischer Philosoph am Meisten in Erinnerung.

Montesquieu wurde im Jahr 1689 in La Brède bei Bordeaux geboren. Er studierte Rechtswissenschaften und arbeitete als Rechtsberater, bevor er 1716 von seinem Onkel den Titel Baron de La Brède et de Montesquieu und das Amt des Gerichtspräsidenten am Berufungsgericht in Bordeaux erbte

1721 veröffentlichte Montesquieu *Persische Briefe*, das erste seiner beiden wichtigsten Werke. Es hat die Form von Briefen, in denen die Erlebnisse zweier persischer Adliger auf einer Reise von Isfahan nach Paris wiedergegeben werden, und ist sowohl eine beißende Satire über Sitten und Mode der zeitgenössischen Pariser Gesellschaft als auch eine nüchterne Reflexion über die Rolle von Regierungen, Religionen, Gesetzen und die Natur der Macht.

1725 gab Montesquieu das Amt des Gerichtspräsidenten ab und begab sich nach seiner Wahl in die Académie Française im Jahre 1728 auf eine Reise durch Ungarn, die Türkei, Deutschland und England, insbesondere um die dort üblichen juristischen, sozialen und staatlichen Institutionen zu studieren.

1732 kehrte Montesquieu nach Frankreich zurück und begann die Arbeit an seinem berühmtesten Werk, *Vom Geist der Gesetze*. Die im Jahr 1748 veröffentlichte Abhandlung ist ein Werk der politischen, sozialen und rechtlichen Anthropologie und Philosophie. Von größter Bedeutung sind seine Theorien über Regierungen. Laut Montesquieu gibt es drei Arten von Regierungen, monarchische, despotische und republikanische. Die erste macht sich das Ehrgefühl zunutze, die zweite die Furcht und die dritte eine Verfassung. Ferner, um jeglichen Machtmissbrauch zu beenden, schlug er die Trennung von Exekutive, Legislative und Judikative vor – die Gewaltenteilung ist ein Eckpfeiler der US-amerikanischen Verfassung.

WECHSELSEITIGE KONTROLLE

30 Sekunden Politik

3-SEKUNDEN-PAROLE
Checks and Balances fügen das zusammen (zumindest ein bisschen), was durch die Gewaltenteilung entzweit wurde.

3-MINUTEN-MANIFEST
Dadurch, dass bei bestimmten Vorgängen verschiedene Institutionen zustimmen müssen, sind in deren wechselseitiger Kontrolle Konflikte vorprogrammiert. Zieht sich eine Auseinandersetzung zwischen den beteiligten Institutionen derart lange hin, dass die Regierungsarbeit blockiert wird, kommt es zum Stillstand. Demokratien müssen entscheiden, ob sie die für parlamentarische Systeme typische Mehrheitsregierung stärken oder die durch wechselseitige Kontrolle begrenzten Regierungsbefugnisse begrenzen wollen.

Wird man geimpft, bekommt man eine winzige Menge eines Erregers verabreicht, die den Körper anregen soll, eine passende Immunität auszubilden. Man bekämpft auf biologischer Ebene quasi Feuer mit Feuer. Ähnlich gibt es auf verfassungsrechtlicher Ebene eine wechselseitige Kontrolle zwischen den drei Institutionen Parlament, Regierungschef und den Gerichten, die einige ihrer jeweiligen Befugnisse (Legislative, Exekutive und Judikative) untereinander teilen. James Madison, einer der wichtigsten amerikanischen Verfassungsrechtler des 18. Jahrhunderts, sagte es so: »Es bedarf Ehrgeiz, um Ehrgeiz entgegentreten zu können.« Wenn diese wechselseitige Kontrolle funktioniert, bleibt die Unabhängigkeit der regierenden Institutionen erhalten. Es ist eine Strategie gegenüber der Gewaltenteilung, die man nicht mit parlamentarischen Systemen verwechseln sollte, in denen Exekutive und Legislative in einer Hand liegen. Als »Checks and Balances« findet sich dieses Prinzip beispielhaft in den Vereinigten Staaten, wo der Präsident an der Spitze der Exekutive per Veto großen Einfluss auf die Legislative hat. Und obwohl militärische Angelegenheiten traditionell in den Zuständigkeitsbereich der US-Präsidenten fallen, verleiht die dortige Verfassung dem Kongress doch die Macht, Kriege zu erklären.

VERWANDTE THEORIEN

GEWALTENTEILUNG
Seite 86

PARLAMENTARISCHE
DEMOKRATIE
Seite 92

3-SEKUNDEN-BIOGRAFIEN
BARON DE MONTESQUIEU
1689–1755
Siehe Seiten 88–89

JAMES MADISON
1751–1836
Wichtiger Architekt der US-amerikanischen Verfassung und vierter Präsident der Vereinigten Staaten

JOHN MARSHALL
1755–1835
Präsident des Obersten US-Gerichtshofs, der dafür sorgte, dass Gesetze als verfassungswidrig abgelehnt werden können.

30-SEKUNDEN-TEXT
MICHAEL E. BAILEY

»Wenn die Menschen Engel wären, wäre keine Regierung nötig. Wenn Engel regieren würden, müsste es keine externen oder internen Kontrollen einer Regierung geben.«

JAMES MADISON

PARLAMENTARISCHE DEMOKRATIE

30 Sekunden Politik

3-SEKUNDEN-PAROLE
Ein System, in dem die Wähler die Legislative wählen und die Legislative die Exekutive bestimmt.

3-MINUTEN-MANIFEST
Der Wahlkalender in einem parlamentarischen System ist nicht fix. Das heißt, es darf zwar nur eine maximale Anzahl von Jahren zwischen den Wahlen liegen, es ist aber auch möglich, dass es früher zu Neuwahlen kommt, entweder wegen eines Vertrauensverlustes oder weil die Führung der Regierungspartei glaubt, sie könne so die Regierungsmehrheit ausbauen (und die eigene Amtszeit verlängern).

Die parlamentarische Demokratie

ist ein System von miteinander verschmolzenen Obrigkeiten, in dem die Wähler die Legislative wählen und die Legislative (häufig das Parlament) daraufhin die Exekutive (die Regierung oder das Kabinett). Dies steht im Gegensatz zu einem System mit Gewaltenteilung, etwa einer Präsidialregierung, bei dem die Wähler Legislative und Exekutive unabhängig voneinander wählen. In einem parlamentarischen System wird der Regierungschef typischerweise Premierminister genannt, die Kabinettsmitglieder heißen Minister. In einem parlamentarischen System sind die Minister in der Regel Mitglieder der Legislative, wogegen Kabinettsmitglieder in Präsidialsystemen normalerweise keine Mitglieder der Legislative sein können. Der Premierminister und das Kabinett bleiben so lange an der Macht, wie sie das Vertrauen der Parlamentsmehrheit genießen. Verlieren sie es, wird ein neues Kabinett gebildet – eine Situation, die meist Neuwahlen erfordert. Die Schaffung und Aufrechterhaltung von Mehrheiten wird komplizierter, je mehr Parteien es im Parlament gibt. Das Staatsoberhaupt in einer parlamentarischen Demokratie ist nicht der Ministerpräsident, sondern entweder ein konstitutioneller Monarch (wie in Großbritannien und Spanien) oder ein gewählter Präsident (wie in Deutschland und Israel).

VERWANDTE THEORIEN
DEMOKRATIE
Seite 24
LEGISLATIVE
Seite 80
EXEKUTIVE
Seite 82
GEWALTENTEILUNG
Seite 86

3-SEKUNDEN-BIOGRAFIEN
WALTER BAGEHOT
1826–1877
Britischer Essayist
AREND LIJPHART
*1936
Professor Emeritus an der Universität von Kalifornien, San Diego

30-SEKUNDEN-TEXT
STEVEN L. TAYLOR

»Keine Regierung kann sich ohne eine starke Opposition lange sicher fühlen.«
BENJAMIN DISRAELI

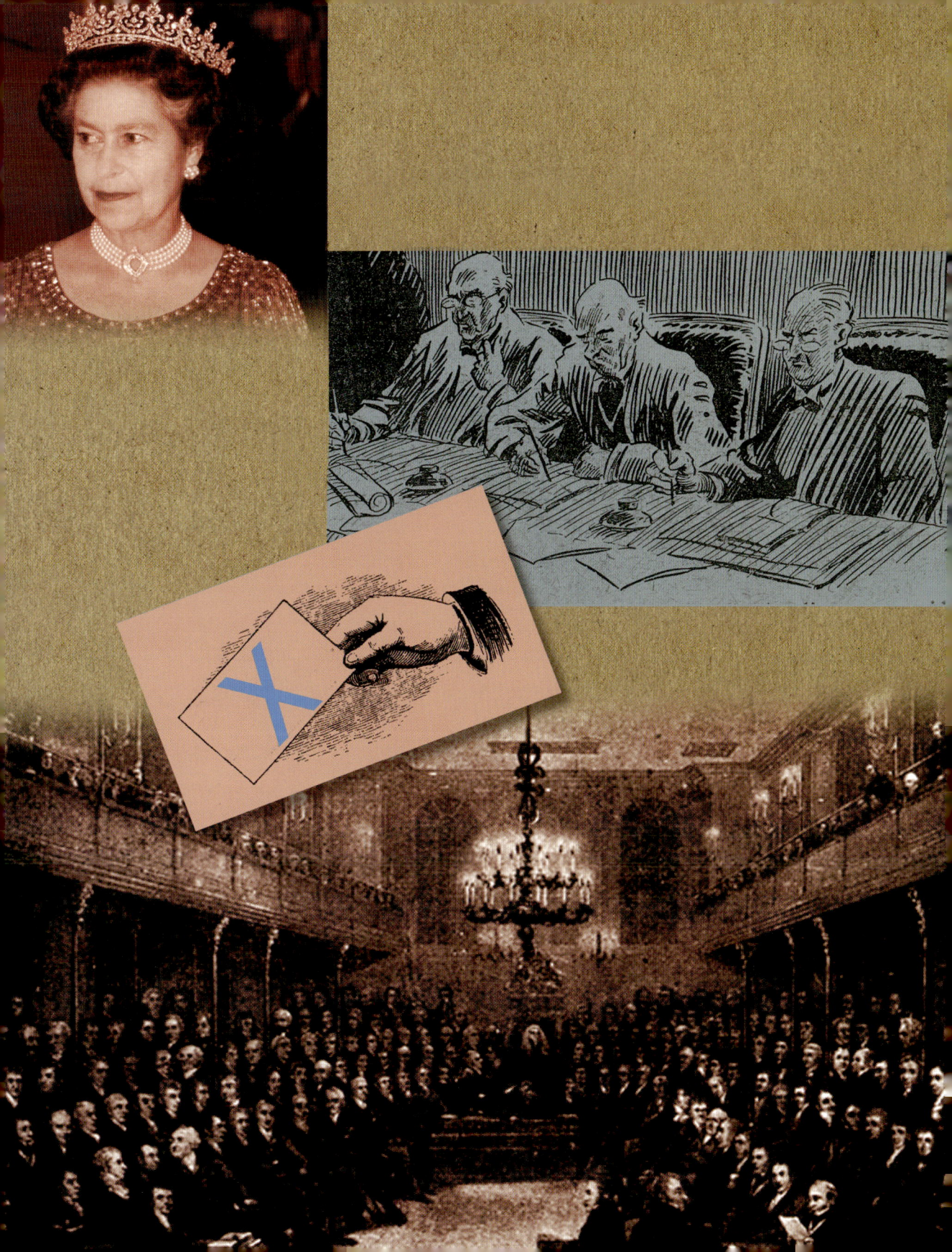

FÖDERALISMUS

30 Sekunden Politik

3-SEKUNDEN-PAROLE
Der Föderalismus teilt die politische Entscheidungs-befugnis zwischen der Zentralregierung und den Regierungen der einzelnen Glieder in klar definierte Einflussbereiche auf.

3-MINUTEN-MANIFEST
Der Föderalismus entstand wohl durch einen auf dem Verfassungskonvent von Philadelphia im Jahr 1787 gefundenen Kompromiss. Die dreizehn US-Bundes-staaten standen seit ihrer Unabhängigkeit von Groß-britannien unter der ersten US-Verfassung (bekannt als Konföderationsartikel). Dabei gab es Probleme, weil die Bundesstaaten zu viel und die Zentral-regierung zu wenig Macht besaßen. Der Kompromiss war ein System, bei dem gewisse Befugnisse an die Zentralregierung über-tragen und andere von den Bundesstaaten behalten wurden.

Der Föderalismus ist ein System,

bei dem über ein Gebiet regiert wird, in dem es eine Aufteilung der politischen Autorität zwischen einer Zentralregierung in der Landes-hauptstadt und den Regierungen der Glieder (Staaten, Kantone, Provinzen u. ä.) gibt. Auch wenn die Regierungsmacht für den Staat als Ganzes bei der Zentralregierung liegt, z. B. die Kontrolle über das Finanzsystem oder die Au-ßenpolitik, steht den Regierungen der einzelnen Glieder ein erhebliches Maß an politischer Auto-nomie zu (etwa in den Bereichen Bildung und Justiz). Meist sind Länder aufgrund ihrer Größe föderalistisch gegliedert (etwa Deutschland, Australien, Brasilien, Kanada, Indien und die Vereinigten Staaten) oder aufgrund bestimmter Merkmale wie etwa der Sprache (beispielsweise Belgien oder die Schweiz). Der prozentuale Anteil an den Staatseinnahmen, die der föderale Glied-staat erwirtschaftet, bestimmt in der Praxis den ihm zukommenden politischen Einfluss. Das föderale System unterscheidet sich von einem Zentralstaat, in dem die gesamte politische Macht bei der Zentralregierung liegt, und von einer Konföderation, in der die Teilstaaten die Zentralregierung kontrollieren.

VERWANDTE THEORIEN
REPRÄSENTATIVE DEMOKRATIE
Seite 58

ZENTRALSTAAT
Seite 96

3-SEKUNDEN-BIOGRAFIEN
WILLIAM H. RIKER
1920–1993
US-amerikanischer Politik-wissenschaftler

DANIEL J. ELAZAR
1934–1999
US-amerikanischer Politik-wissenschaftler

ALFRED STEPAN
1937–
Professor für Politologie an der Columbia-Universität

30-SEKUNDEN-TEXT
STEVEN L. TAYLOR

»Der Föderalismus sollte gemeinsame Ziele tatkräftig ver-folgen und dabei die Integrität aller Betei-ligten respektieren.«

DANIEL J. ELAZAR

ZENTRALSTAAT

30 Sekunden Politik

Ein zentralistisches System ist

eines, in dem die Zentralregierung alle Staatsgewalt über Regionalregierungen hat. Die Zentralregierung kann den Regionalregierungen aber auch Befugnisse übergeben, sie modifizieren oder komplett wegnehmen. Die Zentralregierung regiert von der Hauptstadt aus und ist das Hauptsymbol der politischen Macht eines Landes. Selbst wenn Regionalregierungen die Befugnis haben, Gesetze zu erlassen und anzuwenden, dürfen sie dies nur so lange, wie die Zentralregierung es zulässt. So gewährt beispielsweise die britische Regierung Schottland, Wales und Nordirland Autonomie, kann sie aber auch entziehen (und hat es sogar regelmäßig getan). Über 70 Prozent der Länder weltweit haben zentralistische Systeme. Ein als wesentlich empfundener Vorteil ist, dass die Grenzen politischer Macht klar definiert sind und keine Verwirrung entstehen kann, wie wenn verschiedene Regierungsebenen überlappende Aufgabenbereiche haben. Außerdem gibt es in einem zentralistischen System keinen oder nur wenig Zwiespalt in Bezug auf die Loyalitäten, auch wenn die vorhandenen nationalen Identitäten (wie im britischen Fall) natürlich weiterbestehen.

3-SEKUNDEN-PAROLE
Die Zentralregierung kann den Regionalregierungen jederzeit Befugnisse zugestehen oder entziehen.

3-MINUTEN-MANIFEST
Zentralstaaten stehen im Gegensatz zu föderalen Systemen, in denen Regionalregierungen umfangreiche Befugnisse haben, die nicht von der Zentralregierung entzogen werden können. Die beiden Regierungsebenen geraten wegen der verschiedenen Befugnisse zwar oft aneinander, doch beide haben unabhängige Vorrechte.

VERWANDTE THEORIEN
FÖDERALISMUS
Seite 94

3-SEKUNDEN-BIOGRAFIEN
WILLIAM H. RIKER
1920–1993
US-amerikanischer Politikwissenschaftler, der die Geschichte des Föderalismus studierte

DANIEL ELAZAR
1934–1999
US-amerikanischer Politikwissenschaftler und Theoretiker, der sich auf Föderalismus spezialisiert hatte

30-SEKUNDEN-TEXT
GREGORY WEEKS

»*Die Krise des Zentralstaates hat die Wiedergeburt einer verworrenen, patriotischen Ideologie gefördert.*«
ANTONIO GRAMSCI

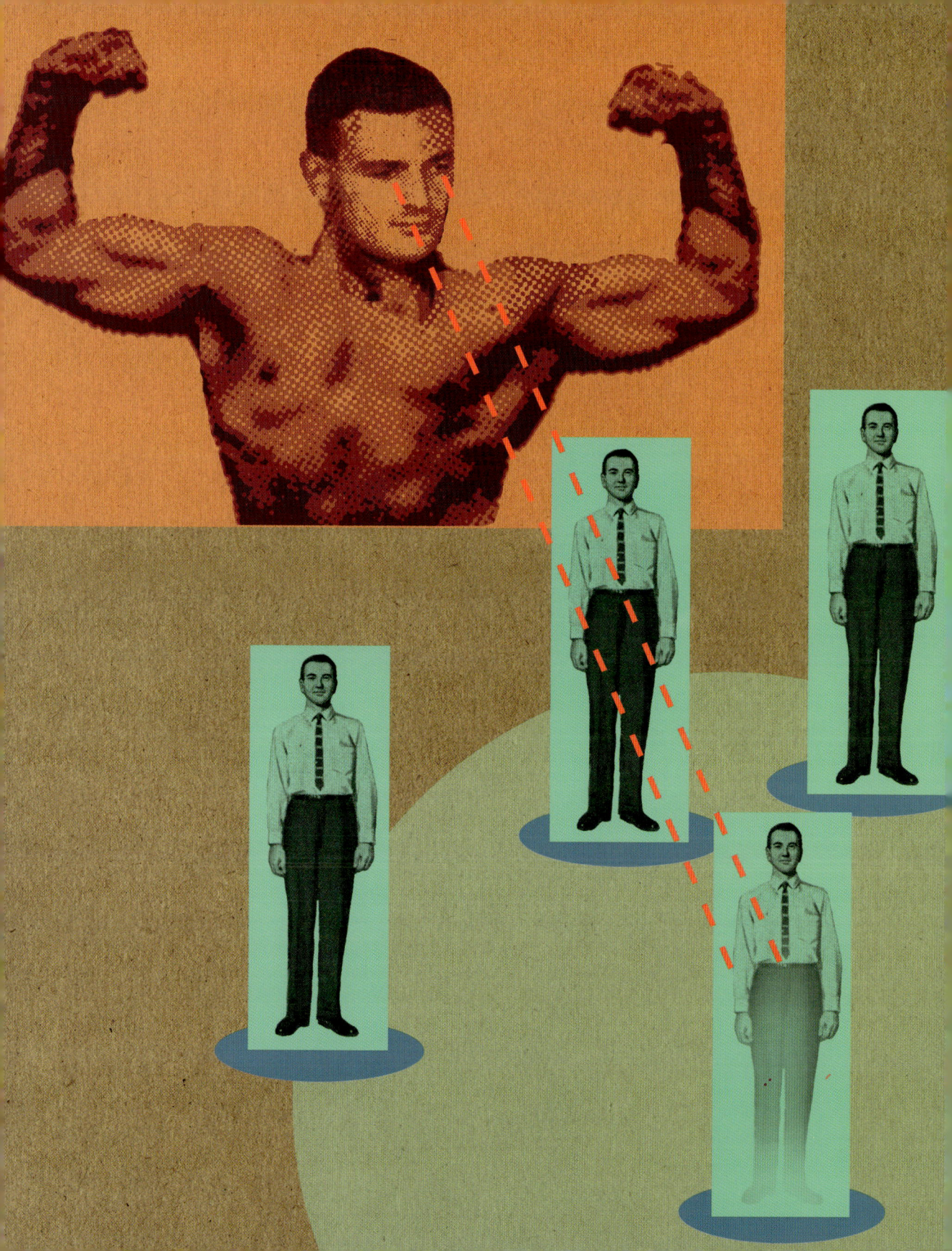

KOMMUNISMUS ◑

KOMMUNISMUS
GLOSSAR

Bourgeoisie Oft im Marxismus verwendete Bezeichnung für die Besitzer der Produktionsmittel, womit die kapitalistische Ober- und Mittelschicht gemeint ist. Von zentraler Bedeutung für die marxistische Theorie ist die Ausbeutung des Proletariats (siehe Eintrag weiter unten) durch die Bourgeoisie, woraus eine Revolution und die Schaffung einer klassenlosen Gesellschaft resultiert.

Diktatur des Proletariats In der marxistisch-leninistischen Theorie die Zeit kurz nach der Revolution, während der das Proletariat die Macht hat, das kapitalistische System aufzulösen, jegliche Opposition zu unterdrücken und die Produktionsmittel umzuverteilen. Erst danach wäre der Weg für eine kommunistische Gesellschaft frei.

Großer Sprung nach vorn Gigantisches Wirtschaftsprogramm, das 1958 von Mao Zedong mit der Absicht initiiert wurde, Chinas landwirtschaftliche und industrielle Basis zu modernisieren. Landesweit wurden Zehntausende Kommunen, jede aus rund 5000 Familien, gegründet, und jede bekam Zielvorgaben für die Produktion von Stahl und Getreide. Die Geschwindigkeit dieses Programms, die unerfahrene Arbeiterschaft und die großen sozialen Unruhen hatten eine qualitativ minderwertige Produktion zur Folge. Widriges Wetter trug 1959 und 1960 zu schlechten Getreideernten bei, und am Ende des Programms im Jahr 1961 waren rund 40 Millionen Menschen an Hunger gestorben.

Kulturrevolution Eine zehn Jahre lange, gewaltsame ideologische Kampagne, die 1966 von Mao Zedong in der Volksrepublik China initiiert wurde. Zunächst wurde versucht, die Elite und die liberalen Kräfte (und Maos politische Feinde) in der kommunistischen Partei Chinas bloßzustellen, doch schnell breitete sich die Kampagne landesweit aus, um den revolutionären Eifer neu zu beleben und alle intellektuellen und bürgerlichen Kräfte zu unterdrücken. Schulen wurden geschlossen, Millionen von Menschen wurden in Arbeitslager gesteckt und Zehntausende von Rotgardisten hingerichtet.

Leuchtender Pfad Peruanische kommunistische Splittergruppe, die in den späten 1960er-Jahren entstand. Ihr Ziel war der Sturz der peruanischen Regierung und die Gründung eines kommunistischen Staats. Der Leuchtende Pfad war maoistisch geprägt und strebte eine Kulturrevolution und die Unterdrückung aller elitären und bürgerlichen Kräfte an. 1980 begann die Bewegung den bewaffneten Kampf, führte einen Guerillakrieg gegen die peruanische Armee und verübte zahlreiche politische Morde und Bombenanschläge, denen ca. 11 000 Menschen zum Opfer fielen. Der

Leuchtende Pfad ist immer noch aktiv, hat aber seit Jahren mit Mitgliederschwund zu kämpfen.

Proletariat Begriff aus der marxistischen Theorie für die Arbeiterklasse. Das Proletariat besitzt nicht die Produktionsmittel und muss deshalb seine Arbeitskraft verkaufen, um zu überleben. In der marxistischen Theorie ergibt sich die spontane Revolution des Proletariats aus der bourgeoisen Ausbeutung. Wladimir Lenin stellte jedoch fest, dass der imperialistische Handel dem Proletariat durch die Bourgeoisie zu ausreichendem Wohlstand verhalf und dadurch eine Revolution verhinderte. Laut Lenin müssten professionelle, engagierte Revolutionäre das Proletariat zur Revolution führen, damit diese stattfindet.

Revolutionäres Bewusstsein Bewusstsein und Glaube an eine mögliche Revolution und deren potenzielle Vorteile. In der marxistisch-leninistischen Theorie muss das Proletariat, damit die Revolution stattfindet, über die Immoralität und Ausbeutung des kapitalistisch-imperialistischen Systems aufgeklärt werden, aufgezeigt bekommen, wie der Kommunismus eine fairere, klassenlose Gesellschaft hervorbringt, und davon überzeugt werden, dass die Revolution erreichbar ist.

Rote Khmer Radikale kommunistische Guerillabewegung, die 1975 unter dem Kommando von Pol Pot die Herrschaft in Kambodscha an sich riss und das Demokratische Kampuchea ausrief. Ziel der Roten Khmer war der Aufbau einer agrarkommunistischen Gesellschaft. Das Land wurde abgeschottet, Stadtbewohner wurden aufs Land vertrieben und zur Arbeit auf Kolchosen gezwungen, Familien getrennt und Intellektuelle sowie andere Mitglieder gebildeter Schichten gefoltert und hingerichtet. Der Herrschaft des 1978 gestürzten Regimes fielen rund zwei Millionen Menschen durch Gefangenschaft, Erschöpfung und Hunger zum Opfer.

Staatliche Kontrolle Leitung und wenn möglich Besitz aller politischen, sozialen und geschäftsbezogenen Körperschaften durch eine Zentralregierung. Der Begriff wird üblicherweise, aber nicht immer, mit sozialistischen und kommunistischen Staaten in Verbindung gebracht (im letzteren Fall oft mit dem Beiklang von autoritärer Unterdrückung).

KOMMUNISMUS

30 Sekunden Politik

Kommunismus existiert in unterschiedlichen Formen (etwa als Leninismus, Maoismus und Trotzkismus), doch alle verpflichten sich der marxistischen Ideologie, streben nach der Aufhebung der Klassenunterschiede durch Überführung von Eigentum in staatliche Hände und unterstützen weltweit revolutionäre Bewegungen zur Überwindung der kapitalistischen Unterdrückung. Der grundlegende Konflikt besteht zwischen Unterdrückern und Unterdrückten; der Kommunismus will diesen Konflikt durch die Stärkung der Arbeiter und die Schaffung einer klassenlosen Gesellschaft beenden. Eine kapitalistische Gesellschaft ist von Natur aus ungerecht, weil dort Arbeiter von Unternehmern unterdrückt werden. Kommunisten wollen die soziale Ordnung ändern und wenden bei der Staatsführung wissenschaftliche Prinzipien an; jedes Mitglied der Gesellschaft gilt als gleichwertig. Den Ideen von Karl Marx verpflichtet, beansprucht die Staatsführung, einziger Akteur mit gesellschaftlicher Autorität zu sein. Der Staat übernimmt die Verantwortung für Wirtschaft, Gesellschaft und Familie beim Versuch, die Gesellschaft neu zu formen und Armut und Unterdrückung zu beseitigen. Der Kommunismus bedarf einer Arbeiterklasse und muss aus einer zuvor existierenden kapitalistischen Gesellschaft hervorgehen.

3-SEKUNDEN-PAROLE
Arbeiter rebellieren, um den Kapitalismus zu stürzen und das Staatseigentum in Besitz zu nehmen.

3-MINUTEN-MANIFEST
Der Kommunismus verspricht zwar, durch die Abschaffung der Klassen Unterdrückung zu beseitigen, doch die Geschichte belegt, dass durch die Anwendung kommunistischer Methoden die Entfremdung zugenommen hat. Fernab von wirtschaftlichen Paradigmen leidet der Kommunismus an einem falschen Menschenverständnis. Die Abschaffung der Klassen beseitigte nicht die Unterdrückung, sondern schuf eine neue Form von Herrschaft, in der die Gesellschaft einer starken staatlichen Kontrolle ausgesetzt war. Der kommunistische Versuch, die Entfremdung zu beseitigen, führte zu nie da gewesenen Repressionen.

VERWANDTE THEORIEN

MARXISMUS
Seite 104

LENINISMUS
Seite 108

MAOISMUS
Seite 110

SOZIALISMUS
Seite 120

3-SEKUNDEN-BIOGRAFIEN
ANTONIO GRAMSCI
1891–1937
Italienischer Politiktheoretiker, der kulturelle Hegemonie als Mittel der Unterdrückung erkannte

DAVID HARVEY
*1935
Sozialtheoretiker und Kritiker des globalen Kapitalismus

30-SEKUNDEN-TEXT
G. DOUG DAVIS

»Die Wahrheit zu sagen ist revolutionär«
ANTONIO GRAMSCI

MARXISMUS

30 Sekunden Politik

3-SEKUNDEN-PAROLE
Der Klassenkampf treibt die Geschichte im revolutionären Kampf immer weiter voran, bis die Geschichte selbst endet.

3-MINUTEN-MANIFEST
Marx glaubte, dass Arbeit ein fundamentaler Teil der menschlichen Natur sei und dass jedes System, das dem Arbeiter die Früchte seiner Arbeit vorenthält, Ausbeutung und damit gänzlich ungerecht sei. Die grundlegende Idee der marxschen Theorie war, dass Menschen nicht eher ihre eigene Menschlichkeit vollends begreifen könnten, bis die Arbeiter die Produkte ihrer Arbeit vollständig kontrollieren würden. Im utopischen Kommunismus würden die Überschüsse der Arbeit unter den Menschen geteilt werden.

Marx postulierte, der Motor der Geschichte sei der Klassenkampf. Insbesondere glaubte er, dass jede Ära der politischen Entwicklung von einer Beziehung zwischen Ausbeuterklasse und ausgebeuteter Klasse angetrieben wurde, aus der die Ausbeuterklasse Wohlstand und Macht schöpfte. Einst würde es zu einem Klassenkampf kommen, zu einer revolutionären Neuverteilung der Klassen von Ausbeutern und Ausgebeuteten, die dann später in Konflikt geraten. Dieser Prozess werde sich immer wiederholen, bis er schließlich im Kommunismus ende, in dem es keine Klassen gebe und die Menschen die Früchte ihrer Arbeit ohne Ausbeutung genießen könnten. Die Stufe vor dem Kommunismus ist laut Marx der Kapitalismus, in dem die Ausbeuterklasse (die Bourgeoisie) das Kapital (die Produktionsmittel) besitzt und die ausgebeutete Klasse (das Proletariat) für den Reichtum der Kapitalisten schuftet, bis sie ihre Situation begreift und die Oberherren stürzt. Der Marxismus ist eine unmittelbare intellektuelle und politische Reaktion auf die sich rasch ändernden Bedingungen, die während des 19. Jahrhunderts als Folge der industriellen Revolution und der daraus hervorgehenden neuen komplexen sozialen Beziehungen auftraten.

VERWANDTE THEORIEN
KLASSENKAMPF
Seite 30

KOMMUNISMUS
Seite 102

LENINISMUS
Seite 108

3-SEKUNDEN-BIOGRAFIEN
KARL MARX
1818–1883
Siehe Seiten 106–107

FRIEDRICH ENGELS
1820–1895
Gönner von Karl Marx und Mitverfasser *des Kommunistischen Manifests*

WLADIMIR ILJITSCH ULJANOW, LENIN
1870–1924
Anführer der russischen Revolution

30-SEKUNDEN-TEXT
STEVEN L. TAYLOR

>*Jeder nach seinen Fähigkeiten, jedem nach seinen Bedürfnissen!*«
KARL MARX

1818
Geboren in Trier, damals Preußen

1835
Besucht die Universität Bonn und wechselt dann an die Universität Berlin

1841
Promotion an der Universität Jena

1843
Heiratet Jenny von Westfalen

1848
Veröffentlicht *Das Kommunistische Manifest*, zusammen mit Friedrich Engels

1849
Umzug nach London

1859
Veröffentlicht *Ein Beitrag zur Kritik der politischen Ökonomie*

1864
Wahl zum Generalrat der Ersten Internationalen

1867
Veröffentlicht den ersten Band von *Das Kapital*

1871
Veröffentlicht *Der Bürgerkrieg in Frankreich*

1883
Stirbt in London

KARL MARX

Karl Marx wurde 1818 in Trier, damals Preußen, geboren. Er besuchte die Universität Berlin und wurde mit seiner Promotion 1841 Redakteur der prodemokratischen *Rheinischen Zeitung*. Seine zunehmend linke Einstellung führte zu einer strengen Zensur, worauf er 1943 zurücktrat, nach Paris zog und von dort eine andere Zeitung herausgab. Das Paris der 1840er-Jahre war das Zentrum der Europäischen Revolutionen, hier tauchte Marx in sozialistische Treffen und das Leben der Arbeiterklasse ein. In Paris war es auch, wo er sich mit Friedrich Engels befreundete, mit dem er später *Das Kommunistische Manifest* verfassen sollte. Dieses kurze Werk, das im Auftrag der Kommunistischen Liga im Jahr 1848 veröffentlicht wurde, also zu einer Zeit, als es in ganz Europa revolutionäre Unruhen gab, handelt von der Geschichte des Klassenkampfs und führt kommunistische Pläne für den Sturz der Bourgeoisie und die Schaffung einer klassenlosen Gesellschaft an. Nachdem Marx aus Frankreich und Belgien ausgewiesen wurde, ließ er sich schließlich 1849 in London nieder, wo er, finanziell unterstützt von Engels, seine umfassenden Studien über Kapitalismus, Ökonomie, Handel und Produktion aufnahm. Marx war nicht nur Politiktheoretiker, sondern auch tatkräftiger Aktivist. 1864 wurde er zum Generalrat der Ersten Internationalen gewählt, deren Ziel es war, die verschiedenen linken Gruppen zu vereinen. 1867 veröffentlichte Marx den ersten Band von *Das Kapital*, einem gedrängt formulierten Werk mit wissenschaftlichem Anspruch, in dem er seine Konzepte Mehrwert, Arbeitsteilung und Entfremdung der Arbeiterklasse erläuterte. Der Kapitalismus, so argumentierte er abschließend, würde zu seinem eigenen Untergang führen. Während seines letzten Lebensjahrzehnts, insbesondere nach der brutalen Zerschlagung der Pariser Kommune im Jahr 1871, wurde Marx zunehmend schwermütig. Aufgrund seiner nachlassenden Gesundheit konnte er Band zwei und drei von *Das Kapital* nicht mehr abschließen und verstarb 1883 – aus der Perspektive des 21. Jahrhunderts fast unvorstellbar – in ziemlicher Vergessenheit.

LENINISMUS

30 Sekunden Politik

3-SEKUNDEN-PAROLE
Der Leninismus schlägt auf dem Weg zum marxistischen Ideal eine Abkürzung vor – Revolution und Diktatur des Proletariats.

3-MINUTEN-MANIFEST
Der Leninismus ging aus dem Marxismus hervor. Dennoch wurde debattiert, ob der Leninismus den Marxismus weiterbringe oder ihm Schaden zufüge. Die Gegner argumentierten, der Leninismus kehre die Reihenfolge Wirtschaft vor Politik um, da er die Notwendigkeit eines voll entwickelten Kapitalismus direkt vor der spontanen Revolution des Proletariats leugne. Als konkrete Leitlinie für die Revolution des Proletariats sollte der Leninismus die Entwicklung des Kommunismus in der Sowjetunion und anderenorts grundlegend beeinflussen.

Der Leninismus ist eine vom russischen Bolschewisten Wladimir Lenin entwickelte politische Doktrin. Nach dem klassischen Marxismus sollte es nur unter in einem voll ausgebildeten Kapitalismus zum spontanen Aufstand des Proletariats kommen. Lenin erkannte, dass dem agrarischen Russland des frühen 20. Jahrhunderts die nötigen vorrevolutionären Bedingungen fehlten. Er passte den Marxismus den russischen Umständen an, um so eine Grundlage für den sozialistischen Übergang zu entwickeln und die Theorie des Marxismus revolutionäre Wirklichkeit werden zu lassen. Lenin glaubte, unterentwickelte Länder wie etwa Russland könnten unter den Umständen des Imperialismus eher eine erste proletarische Revolution hervorbringen als fortgeschrittene Industrieländer, die, um eine Revolution zu verhindern, kapitalistische Strukturen stärken und die gegebenen Arbeit-Kapital-Beziehungen durch die Profite abfedern könnten. Er glaubte auch, die Arbeiterklasse müsse ein revolutionäres Bewusstsein entwickeln und würde den Kapitalismus nur unter Führung von Berufsrevolutionären stürzen, die überwiegend der bürgerlichen Intelligenzia entstammten. Er betonte den alleinigen Führungsanspruch der Kommunistischen Partei, die »Diktatur des Proletariats« auszuüben, bis der Staat allmählich verschwinden werde.

VERWANDTE THEORIEN
KOMMUNISMUS
Seite 102

MARXISMUS
Seite 104

MAOISMUS
Seite 110

3-SEKUNDEN-BIOGRAFIE
WLADIMIR I. ULJANOW, LENIN
1870–1924
Russischer Revolutionär und sowjetischer Staatsführer (1917–1924)

30-SEKUNDEN-TEXT
FENG SUN

»Die revolutionäre Klasse kann in einem reaktionären Krieg nicht anders als die Niederlage der eigenen Regierung wünschen.«
WLADIMIR LENIN

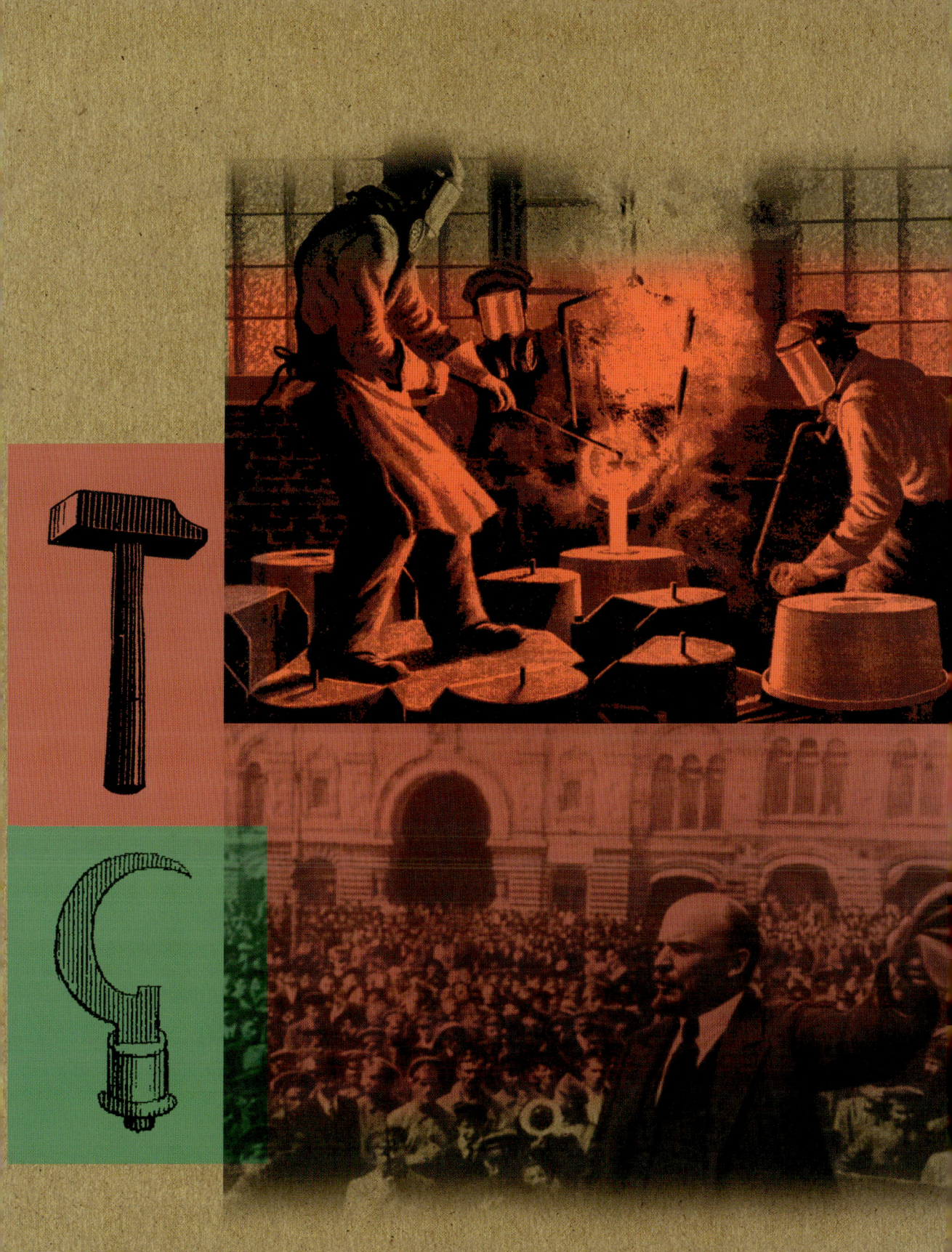

MAOISMUS

30 Sekunden Politik

VERWANDTE THEORIEN

KOMMUNISMUS
Seite 102

MARXISMUS
Seite 104

LENINISMUS
Seite 108

3-SEKUNDEN-PAROLE
Die Bauern erheben sich gegen ihre Feudalherren, um einen kommunistischen Staat zu gründen.

3-MINUTEN-MANIFEST
Mao war eines der Gründungsmitglieder der Kommunistischen Partei Chinas, als diese im Jahr 1921 von der in Moskau ansässigen Komintern gebildet wurde. 1949 ließ er sich zum Präsidenten der neu gegründeten Volksrepublik China ausrufen. Von russischem Einfluss befreit, nutzte Mao Angst, Manipulation, Propaganda und Todesschwadronen, um das Land nach seiner eigenen Vorstellung umzuformen: antiintellektuell, antielitär, antitraditionell. Er setzte den Großen Sprung nach vorn (Zerstörung der traditionellen Landwirtschaftsmethoden) und die Kulturrevolution (Zerstörung des Intellektualismus) in Gang.

Maoismus steht für die spezifische Variation des von Mao Zedong in China entwickelten revolutionären Kommunismus. Meist wird der Begriff verwendet, um auf die revolutionären Veränderungen durch die Mobilisierung des Bauerntums – im Gegensatz zum städtischen Proletariat – zu verweisen. Wie Lenin übernahm auch Mao die Grundzüge des Marxismus und passte sie der chinesischen Realität an. Während nach Marx die kommunistische Revolution nur im Umfeld des fortgeschrittenen Kapitalismus stattfinden würde, glaubte Mao, die marxistische Theorie könne an die ländlich geprägte Gesellschaft im China der 1930er- und 1940er-Jahre angepasst werden. Mao nannte dies einen »an die chinesischen Verhältnisse angepassten Marxismus«. Als Sohn eines relativ wohlhabenden Schweinebauers arbeitete er als Kind auf dem Feld und hatte damit ein unmittelbares Verständnis des bäuerlichen Lebens. Eine zentrale Lehre des Maoismus ist die anhaltende Revolution mit Gewalt als vertretbarem Mittel: Fortschritt erfordere Umbruch, und so gilt die Revolution niemals als beendet. Mao bekämpfte jeglichen Elitarismus entschieden. Auch wenn der Maoismus in China mit Maos Tod unterging, betrachteten ihn revolutionäre Gruppen wie die Roten Khmer in Kambodscha oder der Leuchtende Pfad in Peru als gangbaren Weg.

3-SEKUNDEN-BIOGRAFIEN
MAO ZEDONG
1893–1976
Erster Präsident der Volksrepublik China

DENG XIAOPING
1904–1997
Generalsekretär der Kommunistischen Partei Chinas

30-SEKUNDEN-TEXT
STEVEN L. TAYLOR

»Der Revolutionär muss sich in den Volksmassen bewegen wie ein Fisch im Wasser.«
MAO ZEDONG

ANARCHO-SYNDIKALISMUS

30 Sekunden Politik

VERWANDTE THEORIEN
LIBERTARISMUS
Seite 72

MARXISMUS
Seite 104

SOZIALISMUS
Seite 120

3-SEKUNDEN-PAROLE
Nach dem Anarchosyndikalismus beseitigt das Volk durch Revolution den Staat und stärkt die Arbeitergewerkschaften.

3-MINUTEN-MANIFEST
Der Anarchosyndikalismus übt starke Kritik am Kommunismus, indem er aufzeigt, dass dort die Arbeiter von einer zentralisierten politischen Gewalt weiter unterdrückt werden. Die Korrektur dieses Fehlers verursacht Probleme, weil die Beziehungen zwischen den Arbeitergewerkschaften nicht unbedingt harmonisch sind. Die Beseitigung der zentralen politischen Autorität beseitigt aber auch die Möglichkeit, Streitigkeiten zwischen den Gewerkschaften zu schlichten. Somit kann das Ziel einer sozialen Einheit nicht erreicht werden.

Regierungen sind von Natur aus ungerecht, weil sie das Privateigentum schützen und die Dominanz der Reichen aufrechterhalten. Keine Herrschaftsform eignet sich, die Bedürfnisse der Arbeiter zu schützen, sodass als einzige Lösung die Beseitigung des Staates übrig bleibt. Der Anarchosyndikalismus propagiert eine Revolution, in der die Arbeiter die Kontrolle über Unternehmen und Industrien übernehmen und alle Machtstrukturen außerhalb ihrer gewerkschaftlichen Selbstverwaltung zerstören. Die neue soziale Ordnung kennt weder Regierung noch übergeordnete Gewerkschaften, sondern lediglich unterschiedliche Arbeitsgruppen, die die Unternehmen unabhängig führen und kontrollieren. Sie sind so strukturiert, dass jeder Arbeiter eine gleichberechtigte Stimme zu Entscheidungen der Organisation hat. Der Anarchosyndikalismus will soziale Klassen, den Kapitalismus, das Privateigentum und jede Form gesellschaftlicher Autorität, darunter auch religiöse Einrichtungen, abschaffen, um den Einzelnen zu stärken. Der Kommunismus ist dazu ungeeignet, weil er eine zentrale Autorität vorsieht, die im Interesse aller handelt. Der Anarchosyndikalismus will ökonomische Klassen beseitigen und die Arbeiter bevollmächtigen, eigene Entscheidungen ohne äußere Einflüsse oder Kontrolle zu treffen.

3-SEKUNDEN-BIOGRAFIEN
PIERRE-JOSEPH PROUDHON
1809–1865
Französischer Anarchist, auf den das Zitat »Eigentum ist Diebstahl« zurückgeht

NOAM CHOMSKY
*1928
Linguist, Politaktivist und Befürworter des Anarchosyndikalismus

30-SEKUNDEN-TEXT
G. DOUG DAVIS

»Leider kann man die Gauner nicht abwählen, weil man sie überhaupt nicht gewählt hat.«
NOAM CHOMSKY

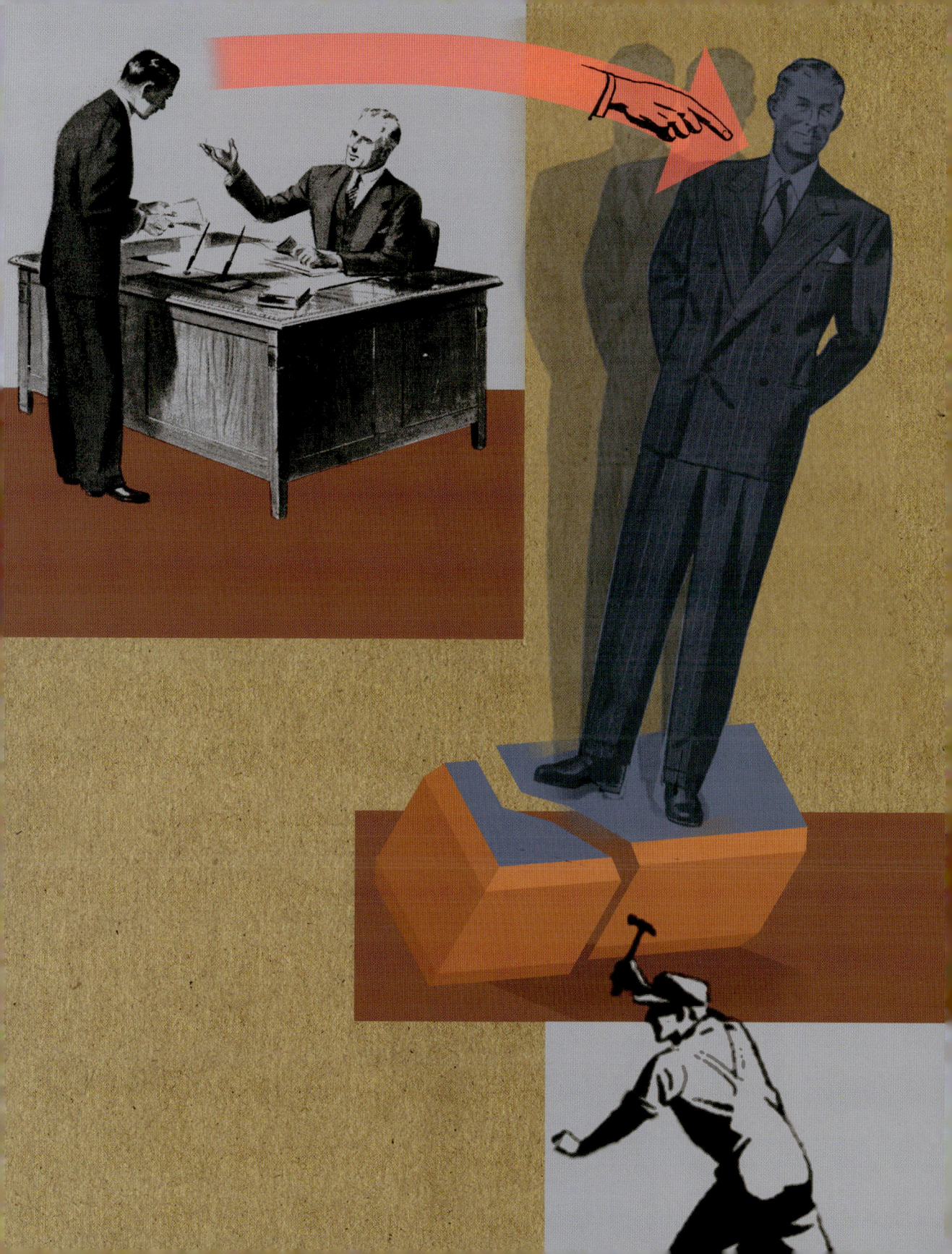

POLITISCHE ÖKONOMIE ◐

Angebot und Nachfrage Grundlegendes ökonomisches Prinzip der Preisbestimmung. Der Preis eines Produkts pendelt sich ein, bis die angebotene der nachgefragten Menge entspricht.

Deregulierung Aufhebung staatlicher Beschränkungen und Regulierungen zur Schaffung eines freieren Markts.

Die unsichtbare Hand Erstmals von Adam Smith verwendeter Begriff. Er beschreibt damit, wie eine freie Marktwirtschaft sich selbst reguliert: durch Wettbewerb, das Gleichgewicht von Angebot und Nachfrage, und indem alle Teilnehmer die Maximierung ihres Eigennutzes anstreben. Gilt auch als Wirtschaftsversion von Darwins Theorie der natürlichen Auslese.

Fair Trade Sozioökonomische Bewegung, die die Arbeits-und Handelsbedingungen der Arbeiter und Bauern in Entwicklungsländern verbessern will, die an der Produktion oder Herstellung von Waren beteiligt sind, die in die entwickelten Länder exportiert werden.

Fiskalpolitik Methodik, mit der die Regierung den Staatshaushalt gestaltet.

Freie Marktwirtschaft Marktwirtschaft, in der es keine staatliche Einmischung in Form von Regulierungen oder Subventionen gibt. In der freien Marktwirtschaft wird der Preis allein durch Angebot und Nachfrage geregelt.

Makroökonomie Ökonomie einer großen sozioökonomischen Einheit, etwa eines Staates, einer Region, einer Staatengruppe oder sogar der ganzen Welt. Die Makroökonomie beschäftigt sich mit großen ökonomischen Phänomenen wie beispielsweise dem Volkseinkommen, Wachstumsraten, Inflation oder dem Bruttoinlandsprodukt. Die Makroökonomie steht im Gegensatz zur Mikroökonomie, die sich mit der Ökonomie auf der Ebene von Unternehmen und Einzelpersonen beschäftigt.

Monetarismus Wirtschaftstheorie, nach der die im Umlauf befindliche Geldmenge Schlüsselindikatoren wie nationale Produktion, Inflation und Preisstabilität bestimmt.

Privatisierung Verkauf von staatlichen Unternehmen, Konzernen oder Ressourcen an den Privatsektor. Regionale wie nationale Regierungen neigen zu Privatisierungen, entweder als Einkommensquelle, um Kosten zu senken oder um kostengünstigere Leistungen durch freien Wettbewerb zu schaffen. In den 1980er-Jahren privatisierten die Regierungen der Vereinigten Staaten und Großbritanniens im Rahmen der Austeritätspolitik große Teile der nationalen Vermögenswerte.

Protektionismus Politik, die den internationalen Handel durch die Einführung von Zöllen, Subventionen oder Importquoten beschränkt. Protektionistische Maßnahmen versuchen, heimische Industrien (und Arbeiter) vor ausländischem Wettbewerb zu schützen. Gegner des Protektionismus argumentieren, diese Politik schwäche mit der Zeit das Binnenwachstum und führe so zu einer Verringerung der Produktion und des wirtschaftlichen Wohlstands.

Rezession In der Ökonomie eine Periode des wirtschaftlichen Niedergangs. Ein Land befindet sich in einer Rezession, wenn eine Verringerung des Bruttoinlandsprodukts in zwei aufeinanderfolgenden Quartalen vorliegt. Einer Rezession zugeordnete Indikatoren sind steigende Arbeitslosigkeit, Rückgang des Börsenhandels und Rückgang des Wohnungsmarktes.

Sozialistische Marktwirtschaft Jedes Wirtschaftssystem, in dem Kapital und Produktionsmittel in Gemeinschaftsbesitz sind oder dem Staat gehören, in dem die Kräfte des Marktes basierend auf Angebot und Nachfrage die Produktion bestimmen.

Stagflation Wortkonstrukt aus »Stagnation« und »Inflation«. In der Ökonomie ein Zustand langsamen Wachstums, verbunden mit hoher Inflation und Arbeitslosigkeit. Einst als höchst unwahrscheinlich angenommen (weil hohe Arbeitslosigkeit üblicherweise mit niedriger Inflation einhergeht), verursachte die Ölkrise der 1970er-Jahre einen Preisanstieg bei gleichzeitiger Schwächung der Wirtschaft.

Verstaatlichung Das Überführen jeder Art von Unternehmen und Ressourcen in staatlichen Besitz. Verstaatlichungen werden vor allem mit sozialistischen und kommunistischen Regierungen in Verbindung gebracht. Ihre Befürworter betrachten sie als Mittel für die Herstellung von sozialer und ökonomischer Gleichheit. Die britische Labour-Regierung der Nachkriegszeit verstaatlichte eine Reihe von wichtigen Industrien, einschließlich der Bahn-, Stahl- und Kohleindustrien.

Zoll Protektionistische Maßnahme, bei der die Regierung eine Steuer auf importierte Waren erhebt. Die Idee dahinter ist, dass heimische Waren (und damit die Arbeitnehmer) vor potenziell billigeren Importen aus dem Ausland geschützt werden sollen.

KAPITALISMUS

30 Sekunden Politik

3-SEKUNDEN-PAROLE
In einem kapitalistischen Wirtschaftssystem handeln private Akteure mit Waren und Dienstleistungen, um Gewinn zu erzielen.

3-MINUTEN-MANIFEST
Der Kapitalismus ist abhängig von Kapital – so nennen die Ökonomen Ersparnisse oder Rücklagen. Diese wiederum setzen voraus, dass man sich *nicht* dazu verleiten lässt, jeden letzten Schrei zu kaufen. Der Kapitalismus setzt somit Selbstdisziplin voraus. Gleichzeitig verführen kapitalistische Ökonomien die Konsumenten täglich dazu, sich ihren hedonistischen Konsumfantasien hinzugeben. Manche sozialen Denker haben diesen Widerspruch erkannt und meinen, der Kapitalismus impliziere den eigenen Untergang.

Lebt man in einem kapitalistischen Wirtschaftssystem, bestimmt man jedes Mal, wenn man sich beim Friseur die Haare stylen lässt, im Laden eine Packung Kaugummi kauft oder gar sein Geld unter der Matratze versteckt, über die Warenpreise, die Arbeitslosenquote und den Zins mit, den die Banken ihren Kunden berechnen. Bei der Verteilung der nationalen Ressourcen stützen sich kapitalistische Nationen auf die freien Entscheidungen der an Eigennutz interessierten Privatakteure, zu denen Leute wie du und ich gehören, aber auch Großunternehmen. Kapitalismus ist sowohl ein Ideal als auch eine Reihe von praxisorientierten Institutionen und Praktiken, die weit hinter dem Ideal zurückbleiben. Heutzutage sind viele Nationen kapitalistisch, einschließlich der meisten Länder Europas und Nordamerikas, weil Produktionsmittel und Handel in Privatbesitz sind und privat betrieben werden. Obwohl Ökonomen von freien Märkten sprechen, hat sich jede Nation der Welt für erhebliche staatliche Eingriffe in Form von Steuern, Sozialausgaben und Regulierungen entschieden. Wo genau die Linie zwischen einer kapitalistischen und einer gemischten oder sogar sozialistischen Ökonomie gezogen wird, ist alles andere als geklärt.

VERWANDTE THEORIEN

KLASSISCHER LIBERALISMUS
Seite 64

LIBERTARISMUS
Seite 72

KEYNESIANISMUS
Seite 124

MERKANTILISMUS
Seite 126

3-SEKUNDEN-BIOGRAFIEN
ADAM SMITH
1723–1790
Schottischer Ökonom des freien Marktes

FRIEDRICH HAYEK
1899–1992
Österreichischer kapitalistischer Ökonom

MILTON FRIEDMAN
1912–2006
Amerikanischer Ökonom und Befürworter des freien Marktes

30-SEKUNDEN-TEXT
MICHAEL E. BAILEY

»*Die Geschichte lehrt jedoch nur, dass der Kapitalismus eine notwendige Bedingung für politische Freiheit ist.*«
MILTON FRIEDMAN

SOZIALISMUS

30 Sekunden Politik

Gewöhnlich wird Sozialismus definiert als eine politische und ökonomische Theorie, bei der die gesamte Wirtschaft oder Teile von ihr staatlich kontrolliert werden. Es gab verschiedene Formen. Einige frühe Denker wie Henri de Saint-Simon und Robert Owen propagierten ein »utopisches sozialistisches« Ideal, in dem sich selbstständige Kolonien von existierenden Ökonomien lösen und, isoliert von der übrigen Welt, ihren eigenen Bedürfnissen nachleben. Später plädierten Sozialisten, besonders kommunistische Denker wie Karl Marx, Friedrich Engels und Wladimir Lenin, für die revolutionäre Umwandlung der Gesellschaft zum Sozialismus. Andere wie Eduard Bernstein bevorzugten einen schrittweisen Übergang mit demokratischen Mitteln oder eine »gemischte« sozialistische Marktwirtschaft, in der Einzelbereiche der Wirtschaft unter Kontrolle des Volkes stehen. Dieser Ansatz dominierte nach dem Zweiten Weltkrieg in Westeuropa, wo Länder zum Teil auf Verstaatlichung und zentrale Planung setzten, ohne dabei grundsätzlich das kapitalistische System abzulehnen. Dieser Nachkriegskonsens überdauerte bis in die 1970er-Jahre. Nach dem Tod Mao Zedongs setzte China zunehmend auf ein System der »sozialistischen Marktwirtschaft«, auch wenn der Staat über Investitionen bestimmt.

»Dem Kapitalismus wohnt ein Laster inne: die Verteilung der Güter. Dem Sozialismus hingegen wohnt eine Tugend inne: die gleichmäßige Verteilung des Elends.«
WINSTON CHURCHILL

GLOBALISIERUNG

30 Sekunden Politik

Globalisierung steht für eine Entwicklung seit dem späten 19. Jahrhundert, die eine Integration von nationalen und regionalen Ökonomien in ein vereinheitlichtes globales Wirtschaftssystem vorsieht, das auf freiem Austausch von Waren, Dienstleistungen und Investitionskapital beruht. Die frühen Stadien der Globalisierung können bis in die Mitte des 19. Jahrhunderts zurückverfolgt werden, als Großbritannien – damals die führende Wirtschafts- und Militärmacht – damit begann, seine Wirtschaftspolitik zu ändern, weg vom Protektionismus und Merkantilismus und hin zu niedrigeren Zöllen. Die beiden Weltkriege und die Weltwirtschaftskrise führten zu einer Reduzierung des internationalen Handels. Nach dem Zweiten Weltkrieg übernahmen die Vereinigten Staaten die wirtschaftliche Führungsrolle von Großbritannien und entwickelten eine ähnliche Sichtweise auf den Freihandel, zumindest dort, wo freier Handel den US-amerikanischen Wirtschaftsinteressen zugutekam. Heute ist die Globalisierung nicht nur eine Frage des Handels von Rohstoffen und Produktionsgütern. Sie umfasst auch den Handel von Dienstleistungen und Investitionsmöglichkeiten, was zu einer noch stärker vernetzten Wirtschaft führt, in der viele Akteure entweder von ausländischen oder internationalen Konzernen gesteuert werden.

3-SEKUNDEN-PAROLE
Globalisierung ist der zunehmende Grad der Verflechtung nationaler Ökonomien.

3-MINUTEN-MANIFEST
Die wirtschaftliche Integration stieß in vielen Ländern auf starke Kritik, weil vormals geschützte Wirtschaftszweige nun dem internationalen Wettbewerb ausgesetzt waren. Einige Kritiker lehnten die Globalisierung komplett ab, andere forderten eine stärkere Regulierung der ökonomischen Integration statt Freihandel, beispielsweise die Förderung von »Fair Trade« (größerer Schutz für Arbeiter und Umwelt in Entwicklungsländern). Letztere Kritiker bezeichneten sich selbst eher als Befürworter einer alternativen Globalisierung und weniger als Globalisierungsgegner per se.

VERWANDTE THEORIEN

KAPITALISMUS
Seite 118

MERKANTILISMUS
Seite 126

NEOLIBERALISMUS
Seite 128

3-SEKUNDEN-BIOGRAFIEN
JOSÉ BOVÉ
1953–
Französischer Agrar-Gewerkschaftler und führende Figur bei den Bewegungen sowohl der Globalisierungsgegner als auch der Befürworter einer alternativen Globalisierung

THOMAS FRIEDMAN
1953–
Kolumnist, Autor und Befürworter der Globalisierung.

30-SEKUNDEN-TEXT
CHRISTOPHER N. LAWRENCE

»Man hat mir vorgeworfen, die Globalisierung zu befürworten. Das ist genauso, als würde man mir vorwerfen, dass morgens die Sonne aufgeht.«

CLARE SHORT

KEYNESIANISMUS

30 Sekunden Politik

3-SEKUNDEN-BIOGRAFIEN
JOHN MAYNARD KEYNES
1883–1946
Vater der Makroökonomie und wohl einer der einflussreichsten Ökonomen des 20. Jahrhunderts

30-SEKUNDEN-TEXT
FENG SUN

Keynesianismus ist eine nach dem englischen Ökonomen Maynard Keynes benannte volkswirtschaftliche Theorie. Sie widerspricht der Laissez-faire-Theorie und befürwortet ein staatliches Regulativ in der Wirtschaft. Nach Keynes' Lehre gibt es aufgrund mangelnder Nachfrage immer wieder wirtschaftliche Abschwünge, und die Kapitalmarktökonomie verfügt über keinen Mechanismus, dieses Problem schnell zu überwinden. Daher sei eine aktive politische Lösung die effektivste; sie könne etwa durch fiskalische Maßnahmen öffentliche Ausgaben erhöhen und Steuern senken. So entstehen durch Ausgaben für neue öffentliche Projekte oder Steuersenkungen neue Arbeitsplätze; die Einkommen steigen, was zu höheren Ausgaben führt, ökonomische Aktivitäten stimuliert und Arbeitslosigkeit verringert. Anschließend stellen staatliche Eingriffe den positiven Kreislauf zwischen Angebot und Nachfrage wieder her und bringen die schwächelnde Wirtschaft auf Kurs. Der Keynesianismus plädiert für politische Mitwirkung als Hebel, um Wirtschaft zu stabilisieren. Vom Zweiten Weltkrieg bis zu Beginn der 1970er-Jahre hatte er den größten Einfluss in den westlichen Industriestaaten. Danach nahm seine Glaubwürdigkeit ab, als Stagflation das globale Kapitalsystem erschütterte.

3-SEKUNDEN-PAROLE
Keynesianismus befürwortet fiskale Manipulationen, um die Wirtschaft zu steuern.

3-MINUTEN-MANIFEST
Der Keynesianismus geht davon aus, dass sich wirtschaftliche Rezessionen durch korrektive Eingriffe des Staates bekämpfen lassen. Die Vorstellung basiert auf der Annahme, dass die Regierung bei der Regulierung der Wirtschaft sachkundig und vorausdenkend vorgeht. Der Keynesianismus wurde von Monetaristen kritisiert, die anmahnten, es handle sich um falsch verstandene fiskale Maßnahmen, die zu hoher Inflation führen und private Investitionen verdrängen würden. Trotz aller Kritik blieb das keynesianistische Denken oft Grundlage zeitgenössischer Wirtschaftspolitik.

»Es ist besser, grob recht zu haben, als völlig danebenzuliegen.«
JOHN MAYNARD KEYNES

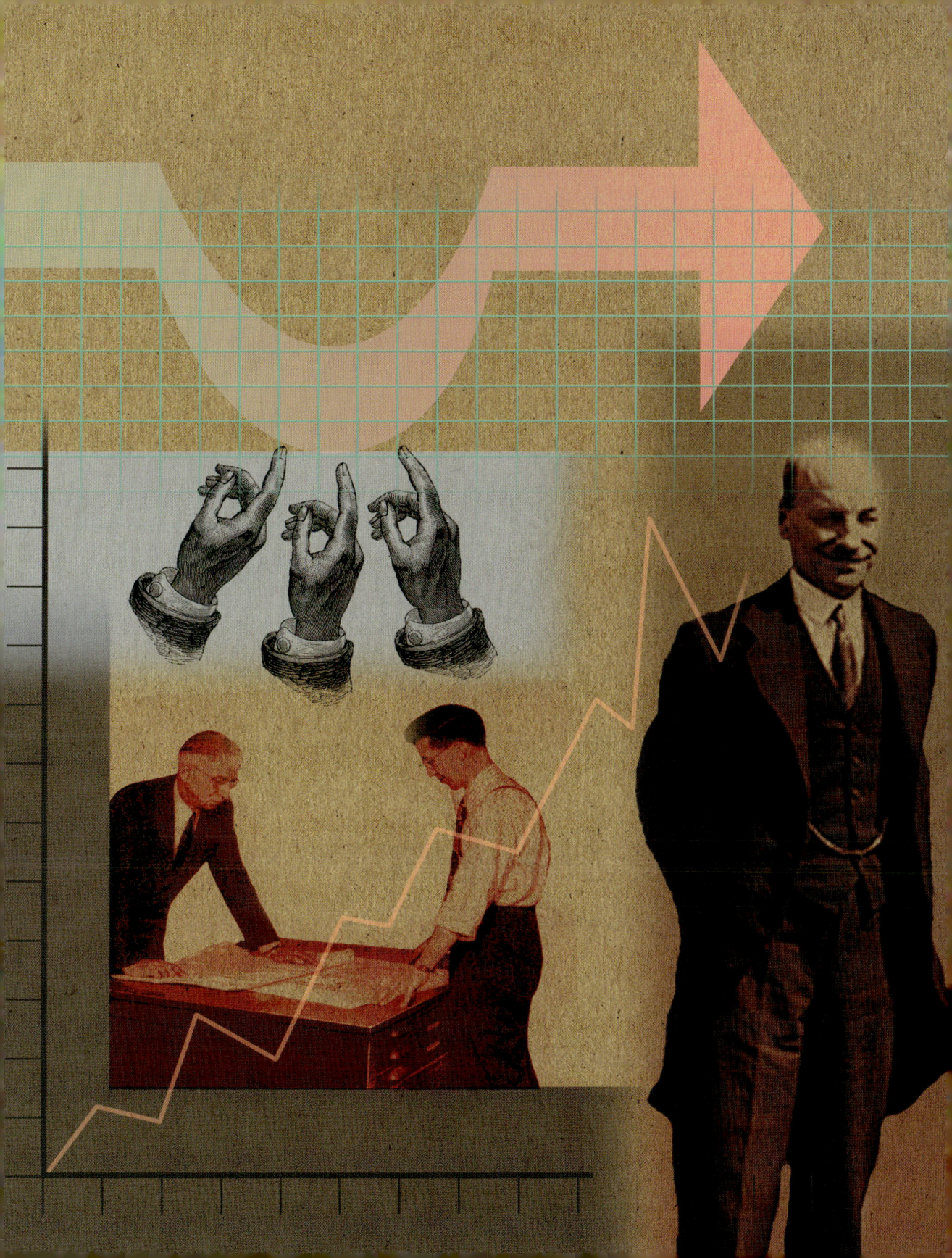

MERKANTILISMUS

30 Sekunden Politik

Der Merkantilismus bezieht sich

auf ein ökonomisches Denken und Handeln, das in Europa zwischen dem 16. und 18. Jahrhundert vorherrschte und eine protektionistische Funktion der Herrscher bei der Bildung eines starken Staates betonte. Die Macht eines Staates war abhängig von seinem nationalen Reichtum, der in Gold- und Silberreserven bemessen wurde. Weil die Menge des auf der Welt verfügbaren Reichtums »unabänderlich« war, konnte ein Staat nur auf Kosten anderer Staaten seinen Reichtum und seine Macht vergrößern. Darauf basierend hatten merkantilistische Staaten strenge Richtlinien, die Importe beschränkten und Exporte durch Zölle und Subventionen förderten, um eine positive Handelsbilanz zu erreichen. Die heimische Produktion wurde gefördert und genau geregelt, um wirtschaftliche Unabhängigkeit und Vorteile auf ausländischen Märkten zu sichern. Eine Handelsmarine sorgte für die Sicherung exklusiver Handelsprivilegien und die Eroberung von Überseekolonien, die als Rohstofflieferanten und Absatzmärkte dienten. Geschichtlich wird die merkantilistische Ära mit aggressiven Handelsaktivitäten beispielsweise der British East Indian Company, der rücksichtslosen Ausbeutung der Kolonien in Amerika, Asien und Afrika und dem militärischen Konkurrenzkampf zwischen den Seemächten assoziiert.

3-SEKUNDEN-PAROLE
Merkantilismus ist ökonomischer Nationalismus nach dem Gesetz des Dschungels.

3-MINUTEN-MANIFEST
Der Begriff »Merkantilismus« wurde zuerst von Adam Smith als Umschreibung des unmittelbaren Gegensatzes von Freihandel und Laissez-faire benutzt. Der Merkantilismus betonte staatlichen Protektionismus und Regulierung bei weitgehender Beschränkung wirtschaftlicher Freiheit und Vitalität. Die Politik, »seinen Nachbarn zum Bettler zu machen«, befeuerte einen kontinuierlichen Zyklus von innereuropäischen Konflikten, weil es nicht alle Staaten schafften, Handelsüberschüsse zu generieren. Dennoch spielte der Merkantilismus eine wichtige Rolle bei der Staatenbildung und der wirtschaftlichen Vereinigung im modernen Europa.

VERWANDTE THEORIEN
REALISMUS
Seite 138
IMPERALISMUS
Seite 142

3-SEKUNDEN-BIOGRAFIEN
THOMAS MUN
1571–1641
Englischer Ökonom und Schriftsteller, der letzte der frühen Merkantilisten

ADAM SMITH
1723–1790
Englischer Ökonom und Gegner des Merkantilismus

30-SEKUNDEN-TEXT
FENG SUN

»Wir müssen stets immer darauf achten, dass wir nicht mehr von Fremden kaufen, als wir ihnen verkaufen, damit wir nicht selbst verarmen und andere reich machen.«
SIR THOMAS SMITH

NEOLIBERALISMUS

30 Sekunden Politik

Neoliberalismus bezieht sich auf eine Reihe wirtschaftspolitischer Regulierungen, die den Vorrang des Marktes gegenüber der Politik betonen. Das »neo« zeigt an, dass es sich um eine aktualisierte Version des klassischen Liberalismus handelt, der auf Adam Smith im 18. Jahrhundert zurückgeht. In seinem Buch *Der Wohlstand der Nationen* erklärt er, die »unsichtbare Hand« des Marktes stelle sicher, dass privates Profitstreben zum Gemeinwohl führe. Neoliberale behaupten, Wachstum und Wohlstand seien am besten durch drastische Reduzierung von Staatsausgaben, Privatisierung staatlicher Industrien, Deregulierung, Ausweitung des Handels und Förderung ausländischer Investitionen zu erreichen. Den Gesetzen von Angebot und Nachfrage folgend, gewährleiste ein freier Markt, dass Ressourcen effizient genutzt würden. Eine so ausgerichtete Politik wird als Gegensatz zu planwirtschaftlichen Entwicklungsmodellen gesehen, die während der Jahrzehnte nach dem Zweiten Weltkrieg in den Entwicklungsländern zu wirtschaftlicher Stagnation und Schulden geführt haben sollen. Verfechter des Neoliberalismus weisen dagegen auf Entwicklungsländer hin, die einem neoliberalen Ansatz gefolgt sind und so die Inflation gezähmt, die Wirtschaft angeschoben und die Armut reduziert haben. Neoliberalismus war für die Globalisierung von großer Bedeutung.

3-SEKUNDEN-PAROLE
Neoliberale glauben, dass sich alle ökonomischen Entscheidungen sinnvoll ergänzen, wenn der Staat seine Finger von Wirtschaftsfragen lässt.

3-MINUTEN-MANIFEST
Insbesondere seit den 1980er-Jahren wurde neoliberale Politik sehr kontrovers betrachtet, allen voran in den Entwicklungsländern. Die Kombination aus Privatisierung und Kürzung von Subventionen löste in zahlreichen Ländern Revolten aus und führte in mehreren Fällen sogar zum Sturz von Präsidenten. Die starke Ablehnung neoliberaler Modelle hatte viele Proteste und die Wahl von eher planwirtschaftlich orientierten Präsidenten zur Folge.

VERWANDTE THEORIEN
KLASSISCHER LIBERALISMUS
Seite 64

LIBERTARISMUS
Seite 72

KAPITALISMUS
Seite 118

OBJEKTIVISMUS
Seite 132

3-SEKUNDEN-BIOGRAFIEN
ADAM SMITH
1729–1790
Schottischer Polittheoretiker, der einen freien Markt befürwortete

MILTON FRIEDMAN
1912–2006
Einflussreicher US-Ökonom, der staatliche Eingriffe ablehnte und die Rückkehr zu Ökonomien mit freien Märkten befürwortete

30-SEKUNDEN-TEXT
GREGORY WEEKS

»Nicht von dem Wohlwollen des Fleischers, Brauers oder Bäckers erwarten wir unsere Mahlzeit, sondern von ihrer Bedachtnahme auf ihr eigenes Interesse.«
ADAM SMITH

1905
Geboren in Sankt
Petersburg, Russland

1922
Besuch der Universität
Petrograd (Sankt
Petersburg)

1925
Emigriert in die
Vereinigten Staaten

1929
Heiratet den Schauspieler
Frank O'Connor

1936
Veröffentlicht den
teilweise autobiogra-
fischen Roman *Vom
Leben unbesiegt*

1943
Veröffentlicht *Der ewige
Quell*

1951
Zieht von Los Angeles
nach New York

1957
Veröffentlicht das Werk
Atlas wirft die Welt ab

1962
Gründet *The Objectivist
Newsletter*

1974
Diagnose von
Lungenkrebs

1982
Stirbt in New York

AYN RAND

Es ist wenig überraschend, dass jemand mit so kontroversen Ansichten wie Ayn Rand eine derart polarisierende Wirkung hat – entweder man liebt sie, oder man hasst sie. Ayn Rand wurde 1905 in Sankt Petersburg in eine wohlhabende Familie geboren. Während ihrer Kindheit erlebte sie den sozialen und politischen Umbruch der Oktoberrevolution, aber sie hatte es den Bolschewiken zu verdanken, dass sie als Jüdin die Universität Petrograd (Sankt Petersburg) besuchen konnte. Die Erfahrungen mit dem Kommunismus prägten sie tief. 1925 wurde Ayn Rand der Besuch von Verwandten in den Vereinigten Staaten gestattet, und schon bald zog sie nach Los Angeles, um dort Schriftstellerin zu werden. Obwohl sie in den 1930er-Jahren einen gewissen literarischen Erfolg hatte, rückte sie erst mit dem Roman *Der ewige Quell* (1943) in die öffentliche Aufmerksamkeit. Rands Roman über einen jungen prinzipienfesten Architekten, der gegen Konventionen und Klientelismus zu kämpfen hat, war der Vorgänger ihrer philosophischen Werke. In den 1950er-Jahren wurde Rand zunehmend politisch aktiv, und während sie als vehement antikommunistische/proindividualistische Verfechterin eines freien Marktes Unterstützer des rechten Spektrums anzog, stieß ihr gleichermaßen vehementer Atheismus dort eher auf Ablehnung. 1957 veröffentlichte Rand ihr berühmtestes Werk *Atlas wirft die Welt ab*. Der Prosa-Bestseller vermittelt zugleich Rands objektivistische Philosophie, wobei als Sprachrohr ihre Romanfigur John Galt mit einer 70 Seiten langen Rede fungiert. Der Objektivismus stützt sich auf die Aristotelische Tradition der empirischen Argumentation, Selbstverwirklichung und ethischen Egoismus, übersetzt in die politische Theorie auf Etatismus, Libertarismus und Laissez-faire-Kapitalismus. Rand, die oft kritisiert und oft gelobt wurde, aber immer sehr direkt war, propagierte den Objektivismus während der 1960er- und 1970er-Jahre mit Hilfe von Vorlesungen, Interviews und ihrem regelmäßig erscheinenden *The Objectivist Newsletter*, zu dessen namhaften Autoren Alan Greenspan gehörte. Mit dem Tod von Ayn Rand im Jahr 1982 schwand das Interesse am Objektivismus als politischer Bewegung, doch die jüngste globale Rezession und das daraus resultierende Misstrauen gegenüber den Regierungen hat eine Wiederbelebung ausgelöst – John Galt lebt, und es geht ihm gut.

OBJEKTIVISMUS

30 Sekunden Politik

Ayn Rand entwickelte die Philosophie des Objektivismus, der objektive Realität, Vernunft, Eigennutz und Kapitalismus zu einem System verbindet, das als Vorlage für eine Gesellschaft dient, in der jeder sein eigenes Glück verfolgt und das eigene Überleben sichert. Menschen mögen sich wünschen, was sie wollen, aber um ihre Ziele zu erreichen, benötigen sie zunächst ein adäquates Verständnis der Realität. So kann jeder Einzelne seinen Verstand benutzen und seinen eigenen Interessen in einer Welt folgen, in der der Kapitalismus und eine handlungsbeschränkte Regierung die Basis für das persönliche Handeln bieten. Der Staat wird darauf reduziert, die Rechte des Einzelnen zu schützen, Gewalt zu verhindern und den freien Markt zu sichern, an dem sich jeder Einzelne betätigen kann. Eine Regierung sollte weder Preise festlegen noch Bedürftige mit Lebensnotwendigem versorgen. Der Objektivismus lehnt viele traditionelle Werte ab und liefert eine frühe Rechtfertigung für die sexuelle Revolution sowie die legale Abtreibung. Zudem sorgt er für die Gleichberechtigung der Frau, lehnt den modernen Feminismus aber ab. Der Objektivismus verteidigt die individuellen Rechte und den Laissez-faire-Kapitalismus und stellt sich gegen die traditionellen Argumentationen von John Locke oder Adam Smith.

3-SEKUNDEN-PAROLE
Der Objektivismus propagiert den Kapitalismus und eine begrenzte Rolle des Staates, die es dem Einzelnen ermöglicht, den eigenen Interessen zu folgen.

3-MINUTEN-MANIFEST
Rands Werk generierte eine leidenschaftliche Gefolgschaft, wurde von Akademikern und der amerikanischen Mainstream-Kultur aber nie akzeptiert. Ihr Protagonist handelt als rationale Einzelperson unabhängig und immer nur im Interesse des eigenen Glücks. Rands Schwäche besteht darin, dass dieser Held, wenn er dem von ihr vorgezeichneten Pfad folgt, niemals Sicherheit oder Freiheit finden wird. Rands Geschichte kann also kein glückliches Ende nehmen, denn sie führt nur zu endlosen Wiederholungen der vorgezeichneten Methode.

VERWANDTE THEORIEN

LIBERTARISMUS
Seite 72

KAPITALISMUS
Seite 118

3-SEKUNDEN-BIOGRAFIEN
NATHANIEL BRANDEN
(GEBORENER BLUMENTHAL)
1930–2014
Psychologe und objektivistischer Dozent

ALAN GREENSPAN
*1926
Ehemaliger Vorsitzender der Federal Reserve und Rand-Unterstützer

30-SEKUNDEN-TEXT
G. DOUG DAVIS

»Ich habe mich nie nach dem Unmöglichen gesehnt und sah das Mögliche nie außerhalb meiner Reichweite.«

AYN RAND

INTERNATIONALE BEZIEHUNGEN

Dekolonisation Ablösungsprozesse, bei denen Kolonien die Unabhängigkeit von der Kolonialmacht erlangen. In der Geschichte gab es immer wieder Zeiten der Dekolonisation, wobei die letzte große Phase kurz nach dem Zweiten Weltkrieg begann, als ehemals mächtige europäische Länder wie Großbritannien und Frankreich die Kontrollmaßnahmen über Kolonien nicht mehr finanzieren konnten und von den Vereinigten Staaten und der Sowjetunion zur Entkolonisierung gedrängt wurden.

Gegenseitig zugesicherte Zerstörung Militärischer Begriff, der zum ersten Mal während des Kalten Krieges benutzt wurde, als die nukleare Aufrüstung einen Höhepunkt erreicht hatte. Im Wesentlichen beschreibt er das Szenario, in dem sowohl die Vereinigten Staaten (und ihre Alliierten) als auch die Sowjetunion (und ihre Alliierten) komplett durch Nuklearwaffen zerstört werden, sollte eine der beiden Seiten einen präventiven Nuklearschlag ausführen. Befürworter dieser militärischen Strategie argumentieren, sie sei die ultimative nukleare Abschreckung.

Kulturelle Hegemonie Kulturelle Vormachtstellung einer Gruppe, eines Staates oder einer Nation gegenüber anderen. Der italienische Marxist Antonio Gramsci verwendete den Begriff als Beschreibung für die Vormachtstellung einer Klasse über eine andere, bis zu dem Punkt, an dem die untergeordnete Klasse die Weltordnung der dominanten Klasse als »natürlich« hinnimmt. Heute dient der Begriff eher als Beschreibung für die Vormachtstellung einer Popkultur (in Form von Fernsehprogrammen, Filmen, Marken etc.).

Kyoto-Protokoll Internationales Abkommen, bei dem 37 Industrienationen einer Reduzierung der Treibhausgase zustimmten. Die Vereinbarung wurde 1997 verabschiedet und trat 2005 in Kraft. Die angestrebte Senkung reicht von 7 Prozent für die Vereinigten Staaten, 8 Prozent für Europa und 6 Prozent für Japan bis zu 0 Prozent für Russland, mit zusätzlichem zulässigem Mehrausstoß für Australien und Island.

Präventivkrieg Krieg, der geführt wird, um einen vermeintlichen Angriff oder eine vermeintliche Bedrohung zu verhindern. Befürworter halten ihn für eine Form der Selbstverteidigung. Zwei aktuelle Beispiele sind der von den Vereinigten Staaten angeführte Einmarsch im Irak und der Afghanistankrieg, die beide initiiert wurden, um einen terroristischen Angriff zu verhindern. Dennoch gibt es im erstgenannten Fall Zweifel über die Größenordnung und die Stichhaltigkeit der Bedrohung, während im letztgenannten Fall Kritiker argumentierten, diplomatische Optionen seien nicht ausgeschöpft worden.

Protektionismus Politik, die den internationalen Handel durch die Einführung von Zöllen, Subventionen oder Einfuhrquoten beschränkt. Protektionistische Maßnahmen versuchen, heimische Industrien (und Arbeiter) vor ausländischem Wettbewerb zu schützen. Gegner des Protektionismus argumentieren, diese Politik unterdrücke im Laufe der Zeit das Wachstum der heimischen Wirtschaft, was zu einer Reduzierung der Produktionsmenge und des wirtschaftlichen Wohlstands führe.

Sektiererisch Begriff zur Beschreibung einer Verbindung mit einer Religionsgemeinschaft oder Sekte. Zum Beispiel beschreibt die Bezeichnung sektiererische Gewalt die Unruhen zwischen zwei gegnerischen religiösen Lagern.

Sezessionsbewegung Gruppe, deren Ziel es ist, die Mitgliedschaft eines Bündnisses oder eines politischen Organs zu beenden, gewöhnlich um eine politische Unabhängigkeit von einer üblicherweise größeren, mächtigeren politischen Einheit zu sichern. Der Begriff ist gleichbedeutend mit Separatistische Bewegung.

REALISMUS

30 Sekunden Politik

3-SEKUNDEN-PAROLE
Im internationalen System bestimmen die Mächtigsten die Regeln und herrschen über die Machtlosen.

3-MINUTEN-MANIFEST
Realisten glauben, einzelne Anführer und internationale Institutionen seien unwichtig. Man könne die Interaktionen von Staaten verstehen, wenn man ihre Leistungsfähigkeit und ihren Platz auf der internationalen Bühne unter die Lupe nehme. Doch Kritiker weisen auf den stark unterschiedlichen Einfluss von Staatsführern wie Winston Churchill versus Neville Chamberlain oder Jimmy Carter versus Ronald Reagan auf die internationalen Beziehungen hin, und auf die Tatsache, dass auch internationale Institutionen die internationale Politik mitprägen.

Realismus ist eine Theorie der internationalen Beziehungen, deren Hauptaugenmerk auf dem nationalen Eigeninteresse liegt. Ihren zahlreichen Varianten liegt der Gedanke zugrunde, dass alle Staaten aus Selbstschutz rational handeln, denn es gibt keine Weltregierung als Ordnungshüter. Dieses anarchische System bedeutet, dass Staaten alle Macht nutzen, die sie haben, um sicher zu bleiben. Militärische Stärke dient als ultimative Waffe, und der Realismus erwartet, dass Konflikte auftreten, sobald Staaten versuchen, die eigene Position in Bezug auf ihre Kontrahenten zu verbessern. Zu den anderen Elementen der nationalen Stärke gehören ökonomische Leistungsfähigkeit, Rohstoffreichtum, politische Stabilität oder sogar kulturelle Hegemonie. Gleichzeitig erklärt Realismus aber die Abwesenheit von Krieg. Während des Kalten Krieges bekämpften sich die Vereinigten Staaten und die Sowjetunion nie direkt. Jedes Land wusste, dass das andere Nuklearwaffen besaß und dass ein Krieg in gegenseitiger Vernichtung resultieren würde. In der Tat behaupten einige bedeutende Realisten wie beispielsweise Kenneth Waltz, dass die Verbreitung von Nuklearwaffen in mehr Länder nicht unbedingt schlecht sei, weil keines sie benutzen würde.

VERWANDTE THEORIEN

NEOKONSERVATISMUS
Seite 144

KONSTRUKTIVISMUS
Seite 150

3-SEKUNDEN-BIOGRAFIEN
HANS MORGENTHAU
1904–1980
Siehe Seiten 140–141

HENRY KISSINGER
*1923
Politikwissenschaftler und ehemaliger US-amerikanischer Außenminister

KENNETH WALTZ
1924–2013
Seinerzeit führende Persönlichkeit in der Theorie der internationalen Beziehungen

30-SEKUNDEN-TEXT
GREGORY WEEKS

»Der Mensch wird geboren, um nach Macht zu streben, doch seine tatsächliche Stellung macht ihn zu einem Sklaven der Macht anderer.«

HANS MORGENTHAU

1904
Geburt in Coburg,
Deutschland

1932
Lehrt Rechtswissen-
schaften an der
Universität Genf

1935
Zieht nach Madrid, um an
der Universität von
Madrid Rechtswissen-
schaften zu lehren

1937
Emigriert in die
Vereinigten Staaten und
unterrichtet am New
Yorker Brooklyn College

1939
Lehrt an der Universität
von Kansas

1943
Nimmt eine Lehrtätig-
keit an der Universität
von Chicago an

1946
Veröffentlicht *Scientific
Man Vs. Power Politics*

1948
Veröffentlicht *Macht
und Frieden. Grund-
legung einer Theorie der
internationalen Politik*

1951
Veröffentlicht *In
Defense of the
National Interest*

1960
Veröffentlicht *The
Purpose of American
Politics*

1980
Stirbt in New York

HANS MORGENTHAU

Hans Morgenthau, einer der wichtigsten politischen Denker des 20. Jahrhunderts, insbesondere auf dem Gebiet der internationalen Politik, wird in erster Linie für seine Realismus-Theorien in Erinnerung bleiben. Morgenthau wurde 1904 in Deutschland als Sohn eines jüdischen Arztes geboren und wuchs im wirtschaftlich und militärisch ruinierten Deutschland nach dem Ersten Weltkrieg auf. In den frühen 1920er-Jahren besuchte er die Universitäten in Frankfurt und München, wo er zunächst Philosophie studierte und später auf Rechtswissenschaften wechselte. Nach seinem Hochschulabschluss setzte er sein Studium in Genf fort, und nach Lehraufträgen in Genf und Madrid emigrierte er 1937 in die Vereinigten Staaten, wo er von 1942 bis 1971 an der Universität Chicago lehrte.

In seinem ersten großen Werk *Scientific Man Vs. Power Politics* (1946) kritisierte Morgenthau die vorherrschende zeitgenössische Denkweise, dass die Wissenschaft die Antwort auf die sozialen und politischen Probleme sei. In seinem zweiten Buch *Macht und Frieden* (1948) erläuterte er das Konzept des politischen Realismus. Morgenthau, der sich in erster Linie mit internationalen Beziehungen befasste, argumentierte, die internationale Politik werde von den nationalen Interessen souveräner Staaten geformt, bei denen es im Wesentlichen um »Machterhalt, Machtsteigerung und Machtdemonstration« gehe. Als Realist glaubte Morgenthau, dass die Politik der Nationalstaaten von den universellen Moralvorstellungen, wie sie von Individuen erlebt werden, abgelöst werden sollte. Die Staaten sollten versuchen, ihre Macht über jegliche moralischen oder gesetzlichen Überlegungen hinweg zu vergrößern.

Morgenthaus Werk war sehr einflussreich. Während der Zeit des Kalten Krieges war er politischer Berater des US-Außenministeriums. Dennoch war er kritisch gegenüber der US-Außenpolitik und lehnte beispielsweise den Vietnamkrieg ab. Da Morgenthau hauptsächlich als machtpolitischer Realist gesehen wird, übersieht man seine Bemühungen, eine Beziehung zwischen moralischen Grundsätzen und der Politik der Notwendigkeit herauszukitzeln, ein Thema, das er in seinem Buch *In Defense of the National Interest* (1951) erkundet, häufig

IMPERIALISMUS

30 Sekunden Politik

3-SEKUNDEN-PAROLE
Weltreiche dehnten ihren Einfluss über die ganze Welt aus, drängten schwächere Länder in die Enge und nutzten deren Ressourcen in einer Art und Weise, die diese noch immer schwächt.

3-MINUTEN-MANIFEST
In der Vergangenheit wurde dem Imperialismus vor allem in Europa offen applaudiert, und er wurde mit seinem vermeintlich zivilisatorischen Einfluss auf »rückständige« Völker gerechtfertigt. Doch insbesondere seit der Dekolonisation der Nachkriegszeit wird der Begriff mit stark negativen Konnotationen verbunden.

Der Imperialismus gründet auf einer beherrschenden Stellung eines Landes gegenüber einem anderen, wobei das deutlich mächtigere Land seine Macht benutzt, um die Ressourcen des schwächeren zum eigenen Vorteil auszubeuten. In seiner radikalen Form beinhaltet er die komplette Übernahme der politischen und wirtschaftlichen Kontrolle durch den Stärkeren. Beispiele hierfür sind das britische, chinesische, spanische und portugiesische Reich. Eine Folge hiervon war der Merkantilismus, bei dem der Kolonisator auf exklusivem Handel mit seinen Kolonien bestand, was beträchtlichen Groll hervorrief. Mit dem Aufstieg des Marxismus-Leninismus bekam der Begriff eine andere Bedeutung, denn diese Theorie betrachtet alle fortgeschrittenen kapitalistischen Länder als Teil eines wirtschaftsimperialistischen Projekts, das alle weniger entwickelten Länder in Armut verharren ließ. Eine solche Hegemonie gilt ebenfalls als Imperialismus. Ein mächtiger Staat prägt in jedem Fall Politik und Wirtschaft anderer Länder, manchmal sogar über sehr weite Entfernungen. Das kann auch zu kulturellem Imperialismus führen, bei dem die Kultur des mächtigeren Staates die des schwächeren dominiert.

VERWANDTE THEORIEN

MARXISMUS
Seite 104

LENINISMUS
Seite 108

MERKANTILISMUS
Seite 126

3-SEKUNDEN-BIOGRAFIEN
WLADIMIR I. ULJANOW, LENIN
1870–1924
Kommunistenführer, der behauptete, der Imperialismus sei die letzte Stufe des Kapitalismus

WILLIAM APPLEMAN WILLIAMS
1921–1990
Theoretiker und Kritiker der US-amerikanischen Außenpolitik

30-SEKUNDEN-TEXT
GREGORY WEEKS

»Würde eine möglichst kurze Definition des Imperialismus verlangt, müsste man sagen, dass der Imperialismus das monopolistische Stadium des Kapitalismus ist.«
WLADIMIR LENIN

NEO-KONSERVATISMUS

30 Sekunden Politik

Neokonservatismus ist ein Begriff,

der in den letzten zehn Jahren aufgrund seiner Verbindung zur Außenpolitik von US-Präsident George W. Bush und besonders zum Irakkrieg mit einer gewissen Häufigkeit in der öffentlichen Diskussion benutzt wurde. Der Begriff war ursprünglich eine Bezeichnung für desillusionierte Liberale (im US-amerikanischen politischen Sinn) der frühen 1970er-Jahre, die eine gewisse Rolle des Staates für notwendig hielten, aber den Ausbau des Wohlfahrtsstaates kritisch sahen und die Demokratische Partei sowie die Liberalen als zu wenig antikommunistisch empfanden. Die Hauptvertreter der Gruppe waren der Kommentator Irving Kristol, der oft als »Pate des Neokonservatismus« bezeichnet wurde, sowie Norman Podhoretz und Jeanne Kirkpatrick. Die Ansichten der Neokonservativen konnten in diversen Zeitschriften verfolgt werden. William Kristol (Sohn von Irving), Gründer und Herausgeber von *The Weekly Standard* und regelmäßiger politischer Kommentator beim Fernsehsender *Fox News*, setzte die Tradition neokonservativer Kommentare fort. Der jüngere Kristol ist auch Mitbegründer von *The Project for the New American Century (PNAC)*, einem Thinktank, der sich einer neokonservativen Vision der US-Außenpolitik widmet und die Ansicht propagiert, die US-amerikanische Hegemonie sei eine positive Kraft in globalen Angelegenheiten.

3-SEKUNDEN-PAROLE
Neokonservative denken, Macht könne international als Werkzeug des Guten genutzt werden, indem sie Demokratie verbreitet und die US-Hegemonie aufrechterhält.

3-MINUTEN-MANIFEST
Neokonservatismus als Ansatz in den internationalen Beziehungen ist als Kritik des Realismus zu verstehen. Nach dem Neokonservatismus besteht das internationale System nicht aus amoralischen, rationalen Staaten, die alle nur ihre Eigeninteressen verfolgen, sondern er teilt die Staaten in gute und böse ein. So gesehen erscheint die Ausübung von Macht gegenüber bösen Staaten zur Förderung der Moral der guten Staaten vertretbar. Dieser Ansatz untermauerte die Bush-Doktrin von Präventivkriegen gedanklich.

VERWANDTE THEORIEN
KONSERVATISMUS
Seite 68

NEOLIBERALISMUS
Seite 128

REALISMUS
Seite 138

3-SEKUNDEN-BIOGRAFIEN
LEO STRAUSS
1899–1973
Politphilosoph und geistige Quelle des Neokonservatismus

IRVING KRISTOL
1920–2009
Autor, Herausgeber und »Pate des Neokonservatismus«

30-SEKUNDEN-TEXT
STEVEN L. TAYLOR

»*Ein Neokonservativer ist ein Liberaler, den die Realität überfallen hat.*«

IRVING KRISTOL

NATIONALISMUS

30 Sekunden Politik

Der Nationalismus ist eine tief empfundene, gemeinschaftliche Identifikation innerhalb einer Gruppe von Menschen, mit einer festen Verpflichtung zur Förderung derjenigen, die Teil dieser Gruppe sind. Die Verbundenheit kann auf Faktoren wie Rasse, Ethnie, Sprache, Religion und/oder Kultur basieren. Das Konzept entwickelte sich nach der Französischen Revolution von 1789, die den Beginn einer neuen Ära darstellte, in der Individuen sich als Teil einer Nation fühlten, statt einfach nur einem Herrscher verpflichtet zu sein. Das bedeutet nicht, dass die lokale Identifikation verschwindet, sondern vielmehr, dass die Nation mehr Loyalität beansprucht als jede andere Autorität. Nationalismus deckt sich oft nicht mit den Grenzen eines Staates, weil sich die Menschen manchmal eher mit jemandem aus einem anderen Land identifizieren. Zum Beispiel fühlen sich irakische Kurden eher als Kurden denn als Iraker. In anderen Fällen wie bei den Palästinensern existiert der Nationalismus sogar ohne Staat. Nationalismus äußert sich in zahlreichen Bereichen des täglichen Lebens, darunter Erziehung, Literatur, Musik und Flaggen. Offensichtlich ist die Kontrolle über den Staat, oder die Bildung neuer Staaten, das vorrangige Ziel von Nationalisten, weil so am besten Ressourcen erhalten und andere nationalistische Ziele erreicht werden können.

3-SEKUNDEN-PAROLE
Nationalismus bedeutet eine starke Identifikation mit anderen Gruppenmitgliedern und zugleich ein hohes Maß an Abgrenzung gegenüber Menschen außerhalb der Gruppe.

3-MINUTEN-MANIFEST
Nationalismus ist oft die Ursache von bewaffneten Konflikten, sogar innerhalb eines Landes. Zum Beispiel setzt sich Spanien aus drei Nationen zusammen, was zu sezessionistischen Bewegungen und Gewalt geführt hat. Dasselbe gilt in noch größerem Maß für Afghanistan und den Irak, wo der Nationalismus in Form von sektiererischer Gewalt sowie die Kämpfe zwischen Interessensgruppen und der US-geführten Koalition Tausende Menschenleben gefordert hat.

VERWANDTE THEORIEN
VOLKSSOUVERÄNITÄT
Seite 26
FASCHISMUS
Seite 38
REALISMUS
Seite 138

3-SEKUNDEN-BIOGRAFIEN
SUN YAT-SEN
1866–1925
Chinesischer Nationalistenführer

MUSTAFA KEMAL ATATÜRK
1881–1938
Erster Präsident der Türkei, der die Stärke des Nationalismus nutzte, um eine moderne Türkei zu formen

ERNEST GELLNER
1925–1995
Gelehrter, der sich den Nationalismus zum Thema gemacht hatte

30-SEKUNDEN-TEXT
GREGORY WEEKS

»Patriotismus ist Nationalismus und führt immer zum Krieg.«
HELEN CALDICOTT

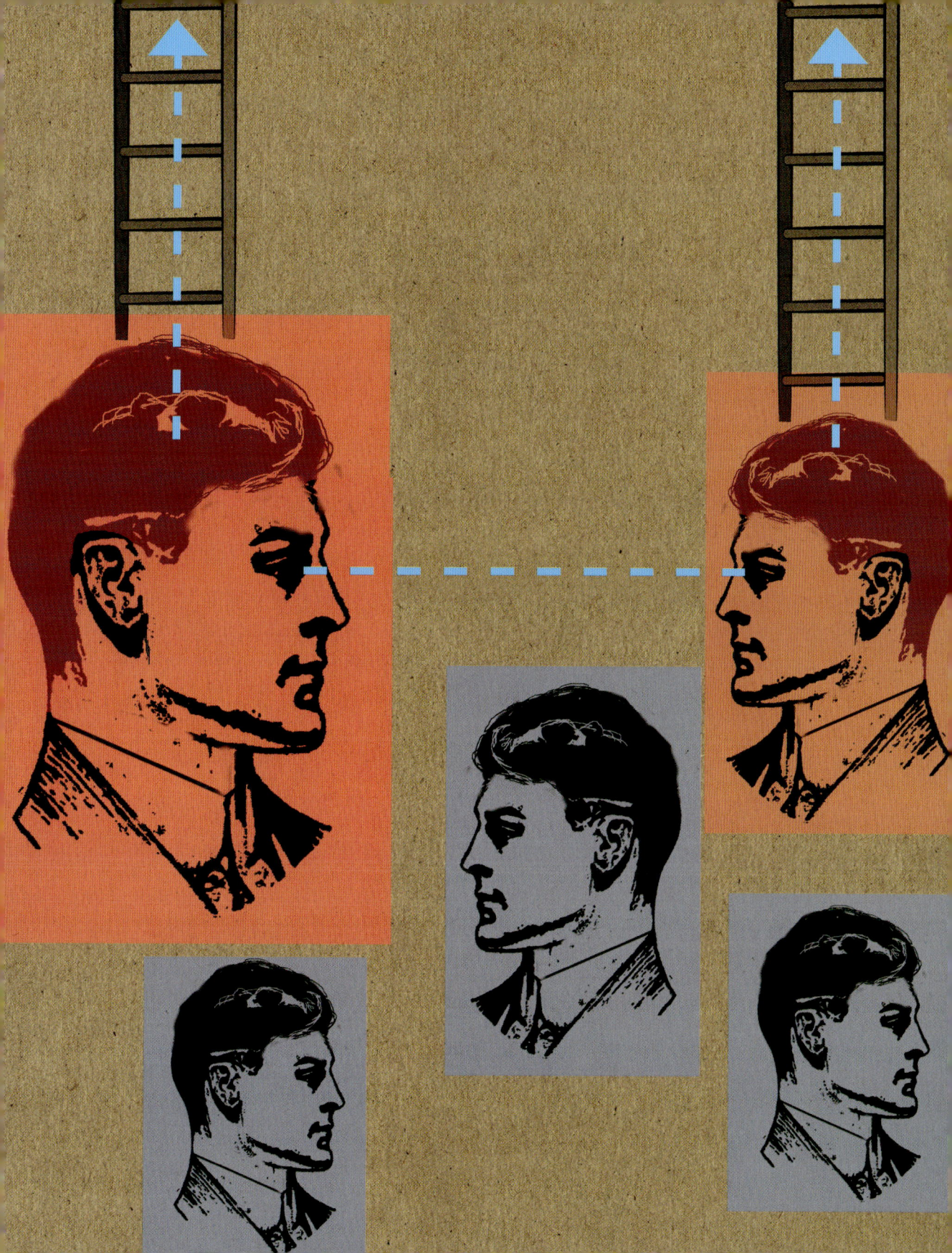

ENVIRONMENTALISMUS

30 Sekunden Politik

Der Environmentalismus umfasst
eine vielfältige Reihe von Überzeugungen, die die
Beziehung zwischen Menschen, der »gebauten
Umwelt« (Städte) und der natürlichen Welt untersucht. Die Ideologie entwickelte sich im späten
19. Jahrhundert als Reaktion auf das schnelle
Wachstum der Städte und der Industrie in Westeuropa und den Vereinigten Staaten. Der Environmentalismus gliedert sich in mehrere Kategorien:
Naturschutz, Naturbewahrung, Bekämpfung von
Umweltverschmutzungen und Umweltgerechtigkeit. Seit den 1970er-Jahren entstanden weltweit
»grüne Parteien«, die Umweltthemen ebenso wie
Themen der sozialen Gerechtigkeit einbeziehen.
Die ersten Länder mit »grünen Parteien« waren
Australien und Neuseeland, gefolgt von Großbritannien. In Deutschland gewannen Die Grünen
auf nationaler Ebene Parlamentssitze und sogar
Regierungspositionen. Bemühungen, die Umweltstandards auf globaler Ebene zu regulieren,
brachten gemischte Resultate hervor. Das 1997
verabschiedete Kyoto-Protokoll verpflichtet 187
Nationen zur Reduktion von Treibhausgasemissionen. Doch die Vereinigten Staaten, die für
25 Prozent der weltweiten Emissionen verantwortlich sind, weigerten sich, die Vereinbarung zu
unterschreiben, und für andere Nationen mit hohem Treibhausgasausstoß wie Indien und China
wurden keine Obergrenzen festgelegt.

*»Wenn wir versuchen,
irgendetwas Spezielles
herauszupicken, stellen wir
fest, dass alles andere im
Universum daran hängt.«*
JOHN MUIR

KONSTRUKTIVISMUS

30 Sekunden Politik

Als Konstruktivismus bezeichnet

man auf dem Gebiet der internationalen Beziehungen die Theorie, dass ihr System aus der Interaktion der Staaten folgt. Anders als der Realismus, der die individuelle staatliche Macht und das Fehlen einer Weltregierung ins Zentrum stellt, oder als liberalistische Theorien, die sich auf Werte und Kommunikation konzentrieren, untersucht der Konstruktivismus die Art und Weise, in der ein Staat durch seine Selbstwahrnehmung und sein Selbstverständnis sein internationales Umfeld und sich selbst formt. Konkret behaupten Konstruktivisten, dass sich das internationale System weniger anarchisch herausbildet, als vielmehr eine Reaktion auf die Interaktionen von Staaten und ihre wahrgenommenen Identitäten und Interessen darstellt. Hinzu kommt, dass diese Interessen und Identitäten soziale Konstrukte sind, also Ergebnisse von Interaktionen zwischen Staaten. Mit anderen Worten, das internationale System setzt sich nicht aus einzelnen, objektiven Wirklichkeiten zusammen, die dann als jeweilige Staaten innerhalb dieses Systems wirken, sondern es sind die Staaten selbst, die das internationale System durch eigene Aktionen entstehen lassen. Und weil sich die Selbstwahrnehmungen der Staaten im Laufe der Zeit verändern, verändert sich auch das internationale System.

3-SEKUNDEN-PAROLE
Internationale Beziehungen sind nicht objektiv, sondern vielmehr sozial konstruiert.

3-MINUTEN-MANIFEST
Konstruktivismus ist eine relativ neue Theorie aus den späten 1980er- und frühen 1990er-Jahren, die aber erst im folgenden Jahrzehnt voll zur Geltung kam. In den internationalen Beziehungen hat der Konstruktivismus den Marxismus als dritte Haupttheorie ersetzt (neben dem Realismus und dem Liberalismus).

VERWANDTE THEORIEN
NEOLIBERALISMUS
Seite 128

REALISMUS
Seite 138

IMPERIALISMUS
Seite 142

NEOKONSERVATISMUS
Seite 144

3-SEKUNDEN-BIOGRAFIEN
NICHOLAS ONUF
1942–
Theoretiker, dem der Begriff Konstruktivismus zugeschrieben wird

ALEXANDER WENDT
1958–
Theoretiker, der hauptsächlich mit der konstruktivistischen Schule in Verbindung gebracht wird

30-SEKUNDEN-TEXT
STEVEN L. TAYLOR

»Die wesentlichen Strukturen der internationalen Politik sind eher sozial als streng materiell.«

ALEXANDER WENDT

ANHANG

ZU DEN AUTOREN

BERATENDER HERAUSGEBER

Steven L. Taylor ist Professor für Politik-wissenschaften an der Troy University in Alabama (USA). Er ist der Autor von *Voting Amid Violence: Electoral Democracy in Colombia* und arbeitet derzeit an einem Projekt, das die Vereinigten Staaten mit 29 anderen Demokratien vergleicht.

AUTOREN

Michael Bailey ist Dozent für Politikwissen-schaften am Berry College in Georgia (USA). Er hat Buchkapitel und Zeitschriftenartikel über die Präsidentschaft, Fragen zu Kirche und Staat und demokratische Theorien veröffentlicht. Er ist verheiratet und hat drei Töchter.

Elizabeth D. Blum ist Dozentin für Geschichte an der Troy University in Alabama (USA). Sie hat ihr erstes Buch *Love Canal Revisited: Race, Class, and Gender in Environmental Activism* im Jahr 2008 abgeschlossen. Derzeit arbeitet sie an einem anderen Projekt, das sich mit Umweltfragen in beliebten Kindersachbüchern seit dem Ersten Weltkrieg befasst.

G. Doug Davis ist Dozent für Politikwissen-schaften an der Troy University Alabama (USA). Zu seinen Interessen gehören interna-tionale politische Ökonomie, internationale Beziehungen, politische Methodik, Ontologie und katholische Theologie.

Christopher N. Lawrence ist Dozent für Politikwissenschaften an der Texas A & M International University in Laredo (USA). Er befasst sich mit den Themen öffentliche Mei-nung, Wahlverhalten, Legislative in den Ver-einigten Staaten und anderen Industriestaaten, sowie mit der Anwendung fortgeschrittener statistischer Methoden in der Politik.

Feng Sung ist Dozentin für Politikwissen-schaften an der Troy University in Alabama (USA).

Gregory Weeks ist Dozent für Politikwissen-schaften und Direktor für Lateinamerikanische Studien an der Universität von North Carolina in Charlotte (USA). Er ist Autor zahlreicher Bücher und Artikel über die Themen latein-amerikanische Politik, US-lateinamerikanische Beziehungen und Einwanderung. Er hat einen Blog über lateinamerikanische Politik unter http://weeksnotice.blogspot.com

QUELLEN

BÜCHER

Allgemeine Theorie der Beschäftigung, des Zinses und des Geldes, John Maynard Keynes (Duncker & Humblot, 2009)

Anarchy, State, and Utopia, Robert Nozick (Basic Books, 1977)

Antonio Gramsci, Steven J. Jones (Routledge, 2006)

Chancen, die ich meine. ›Free to Choose‹. Ein persönliches Bekenntnis, Milton und Rose D. Friedman (Ullstein, 1997)

Death of Nature: Women, Ecology, and the Scientific Revolution, Carolyn Merchant (HarperOne, 1990)

Dialektik der Aufklärung. Philosophische Fragmente, Max Horkheimer und Theodor W. Adorno (Fischer, 1988)

England's Treasure by Foreign Trade, Thomas Mun (1664)

The Enigma of Capital and the Crises of Capitalism, David Harvey (Oxford University Press, 2010)

Evolution of Capitalism, The Philosophy of Misery: System of Economic Contradictions, Pierre-Joseph Proudhon (Nabu Press, 2010)

First Along the River: A Brief History of the U. S. Environmental Movement, Benjamin Kline (Rowman & Littlefield, 2007)

Forcing the Spring: The Transformation of the American Environmental Movement, Robert Gottlieb (Island Press, 1993)

Der Fürst, Niccolo Machiavelli (Nikol, 2009)

The General Idea of Revolution in the Nineteenth Century, Pierre-Joseph Proudhon (Cosimo Classics, 2007)

Geschichte der politischen Philosophie, Leo Strauss und Joseph Cropsey (Suhrkamp, 2012)

Der Imperialismus als höchstes Stadium des Kapitalismus, Wladimir Iljitsch Lenin (Das Freie Buch, 2001)

Introduction to Objectivist Epistemology, Ayn Rand (Plume, 1989)

Making Sense of International Relations Theory, Jennifer Sterling-Folker, ed. (Lynne Rienner, 2006)

Nature's Metropolis: Chicago and the Great West, William Cronon (Norton, 1991)

On Democracy, Robert A. Dahl (Yale University Press, 1988)

The Philosophical Roots of Modern Ideology, David E. Ingersoll, et al. (Sloan Publishing, 2010)

Political Ideology: Why the American Common Man Believes What He Does, Robert E. Lane (The Free Press, 1967)

Postmodernism, or, The Cultural Logic of Late Capitalism, Frederic Jameson (Duke University Press, 2001)

The Poverty of Liberalism, Robert Paul Wolff (Beacon Press, 1968)

The Sanitary City: Urban Infrastructure in America from Colonial to the Present, Martin V. Melosi (Johns Hopkins University Press, 2000)

Sozialismus und Krieg, Wladimir Iljitsch Lenin (Dietz, 1988)

The Spirit of Democracy: The Struggle to Build Free Societies Throughout the World, Larry Diamond (Times Books, 2008)

Taming the Prince, Harvey C. Mansfield (Free Press, 1999)

Eine Theorie der Gerechtigkeit, John Rawls (Suhrkamp, 1979)

Die Tugend des Egoismus, Ayn Rand (TvR Medienverlag Jena, 2015)

Über die Freiheit, J. S. Mill (Reclam, 2009)

The Un-Marxian Socialist: A Study of Proudhon, Henri de Lubac (Sheed & Ward, 1948)

Vorstufen zur Demokratie-Theorie, Robert A. Dahl (Mohr Siebeck, 1976)

Der Weg zur Knechtschaft, F. A. Hayek (Mohr Siebeck, 2004)

Wilderness and the American Mind, Roderick Nash (Yale University Press, 1967)

AUSGEWÄHLTE E-BÜCHER

Democracy in America Alexis de Tocqueville
http://www.gutenberg.org/ebooks/815

Nicomachean Ethics Aristotle
http://classics.mit.edu/Aristotle/nicomachaen.html

The Politics Aristotle
http://classics.mit.edu/Aristotle/politics.html

Reflections on the Revolution in France Edmund Burke
http://www.bartleby.com/24/3/

The Second Treatise of Civil Government John Locke
http://oregonstate.edu/instruct/phl302/texts/locke/locke2/2nd-contents.html

The Federalist Papers [also abbreviated to The Federalist] Alexander Hamilton, James Madison, and John Jay
http://thomas.loc.gov/home/histdox/fedpapers.html

Critique of the Gotha Programme Karl Marx
http://www.marxists.org/archive/marx/works/1875/gotha/ch01.htm

The Communist Manifesto Karl Marx and Friedrich Engels
http://www.marxists.org/archive/marx/works/1848/communist-manifesto/

The Spirit of the Laws Baron de Montesquieu
http://etext.virginia.edu/toc/modeng/public/MonLaws.html

The Wealth of Nations Adam Smith
http://www.online-literature.com/adam_smith/wealth_nations/

NÜTZLICHE WEBSITES

Adam Carrs Wahlarchiv
http://psephos.adam-carr.net/

Das Avalon Project: Dokumente über Gesetz,
Geschichte und Diplomatie
http://avalon.law.yale.edu/default.asp

Institute for Democracy and Electoral Assistance
(IDEA, deutsch Institut für Demokratie und
Wahlhilfen)
http://www.idea.int/index.cfm

Internetquellen zur neueren Geschichte
http://www.fordham.edu/halsall/mod/
modsbook.html

Interparlamentarische Union
http://www.ipu.org/english/home.htm

Klassikersammlung im Internet
http://classics.mit.edu/index.html

Marxistisches Internet Archiv
http://www.marxists.org/archive/index.htm

Perseus Digital Sammlung
http://www.perseus.tufts.edu/hopper/

Politische Datenbank Amerikas
http://pdba.georgetown.edu/

Richard Kimbers politikwissenschaftliche Quellen
http://www.politicsresources.net/

Stanford Enzyklopädie der Philosophie
http://plato.stanford.edu/

Treehugger
www.treehugger.com

INDEX

BILDNACHWEISE

Der Verlag möchte den nachstehenden Personen und Organisationen für deren freundliche Genehmigung zur Verwendung der Abbildungen in diesem Buch danken. Bei der Zuschreibung der Bilder wurde mit größter Sorgfalt vorgegangen; für eventuelle unbeabsichtigte Auslassungen bitten wir um Entschuldigung.

Fotolia/Stephane Tougard: 111.
Getty Images/Ralph Morse/Time Life Pictures: 140.
Library of Congress, Prints and Photographs Division, Washington, D.C.: 40, 43, 66, 88, 145 u.l.
Ludovisi Collection: 20.
Rex Features/CSU Archive/Everett Collection: 130.